为学习而设计

以任务驱动
语文单元整体教学

薛法根 著

中国人民大学出版社
·北京·

图书在版编目（CIP）数据

为学习而设计：以任务驱动语文单元整体教学 / 薛法根著. -- 北京：中国人民大学出版社，2025.2.
ISBN 978-7-300-33657-2

Ⅰ.G633.202

中国国家版本馆 CIP 数据核字第 202514S9P1 号

为学习而设计：以任务驱动语文单元整体教学
薛法根　著
Wei Xuexi er Sheji: Yi Renwu Qudong Yuwen Danyuan Zhengti Jiaoxue

出版发行	中国人民大学出版社		
社　　址	北京中关村大街 31 号	邮政编码	100080
电　　话	010-62511242（总编室）		010-62511770（质管部）
	010-82501766（邮购部）		010-62514148（门市部）
	010-62515195（发行公司）		010-62515275（盗版举报）
网　　址	http://www.crup.com.cn		
经　　销	新华书店		
印　　刷	北京华宇信诺印刷有限公司		
开　　本	720 mm × 1000 mm　1/16	版　次	2025 年 2 月第 1 版
印　　张	13.25　插页 1	印　次	2025 年 5 月第 2 次印刷
字　　数	180 000	定　价	68.00 元

版权所有　侵权必究　印装差错　负责调换

目录
Contents

自　　序 / 001

上篇｜新课标和新教材带来的挑战

为了人的发展 / 003

一、为什么要学习 / 003

二、为什么要学语文 / 004

三、语文学什么 / 005

四、怎么学语文 / 006

五、学得怎么样 / 007

用语文教儿童
——统编小学语文教材的教学要义 / 009

一、聚焦语文核心素养 / 009

二、把握双线并进的思路 / 010

三、实践三位一体的教学 / 012

四、运用深度学习策略 / 014

语文学习任务的内涵价值与设计要义 / 017

一、内涵解读：从内容载体到专业实践 / 017

二、价值指向：从知识传递到知识建构 / 020

三、设计要义：从始于文本到始于问题 / 021

用语文"做事":素养导向的任务设计要义 / 027

一、"教人做事"的设计理念 / 027

二、任务设计的逻辑起点 / 028

三、有效任务的设计要义 / 030

语文学习任务群的内涵解读与实践建构 / 036

一、语文学习任务群的内涵解读 / 036

二、语文学习任务群的单元建构 / 038

三、单元整体教学的关系把握 / 041

语文学习任务群的教学解读与实践要义 / 044

一、语文学习任务群的教学解读 / 044

二、语文学习任务群的实践要义 / 047

理性思维:做负责任的表达者
——思辨性阅读与表达任务群的内涵解读 / 054

一、思辨性阅读与表达任务群的发展脉络 / 054

二、思辨性阅读与表达任务群的目标定位 / 056

三、思辨性阅读与表达任务群的内容选择 / 059

四、思辨性阅读与表达任务群的活动组织 / 061

五、思辨性阅读与表达任务群的评价设计 / 064

依据课程标准用好统编教材 / 069

一、以课标为本,读懂教材 / 069

二、以学定教,用好教材 / 073

三、以研促改,优化教材 / 076

大观念驱动的主题任务单元设计
——以统编教材二年级上册第五单元教学为例 / 079
一、主题与内容 / 080

二、情境与任务 / 082

三、目标与评价 / 084

四、活动与建议 / 085

打开思维的暗箱
——统编教材五年级下册第六单元整体教学设计 / 090
一、梳理单元学习内容 / 090

二、确定单元学习主题 / 092

三、创设单元情境任务 / 093

四、设计单篇学习活动 / 096

单元语文要素的教学解读
——以统编教材三年级下册第七单元为例 / 101
一、解析语文要素的学理 / 101

二、打开文本的缺口 / 103

三、定位课文的功能 / 105

从"要素"到"能力"的活动转化
——以《风娃娃》的教学设计为例 / 108
一、设计"小先生"认读活动板块 / 108

二、设置"台阶式"复述活动板块 / 111

三、设想"劝慰型"体验活动板块 / 114

"藏"起来的情思
——统编教材四年级下册散文单元教学要义 / 116

一、把握散文的含蓄之美 / 116

二、着眼于阅读的体会之力 / 119

三、遵循教学的移情之道 / 121

在阅读中亲近鲁迅
——人物主题单元的教学解读 / 125

一、人物单元的育人路径 / 125

二、语文要素的教学落点 / 127

三、学习活动的设计要领 / 130

让阅读成为一件美好的事情 / 133

一、倡导三类阅读，让学生读起来 / 133

二、给予三个支持，让学生读进去 / 134

三、拒绝"三过"，让学生读下去 / 136

用母语编织意义
——统编小学语文教材写作教学要义 / 138

一、对写作本质的重新审视 / 138

二、写作课程的教材设计 / 139

三、写作教学的实践创造 / 144

看得"准"，写得"美"
——统编教材三年级上册第五单元教学设想 / 147

一、语文要素解读 / 147

二、单元结构的功能 / 149

三、教学设计的思路 / 151

下篇 ｜ 从课堂中来，到课堂中去

从课堂中来，到课堂中去
——课题研究与课堂教学的统整性实践 / 157
一、真：用问题打开课堂 / 158
二、恒：在课堂上深耕课题 / 160
三、化：以课题创新教学 / 163

角色赋能，让学习使人着迷 / 166
一、角色赋予学生学习动能 / 166
二、角色赋予学生专家思维 / 167
三、角色赋予学生行为自觉 / 167
四、角色赋予学生自我认知 / 167

文本解读的切口 / 169
一、文本形式的两个方面 / 169
二、文本内涵的三个层次 / 170
三、文本解读的六种方法 / 173

教学设计的三个优化 / 178
一、由"直"而"曲"：充分经历过程 / 178
二、化"平"为"奇"：创设挑战任务 / 180
三、从"线"到"块"：用时间换空间 / 182

联结力就是学习力 / 185

揭开"苹果的皮" / 187

一、由表及里 / 187

二、由文及人 / 188

三、由意及言 / 188

比喻的两种教法 / 190

看课的三种姿态 / 192

一、仰视 / 193

二、平视 / 193

三、俯视 / 194

写得像自己 / 195

一、爱也难,不爱更难 / 195

二、一堂好课,三件作品 / 197

三、随心所欲而不逾矩 / 200

自 序

《义务教育语文课程标准（2022年版）》提出了素养型目标、结构化内容与表现性评价，指明了语文教学改革的方向与重心。在教学实践中，我们面临三个亟待解决的问题。一是教材单元不匹配。统编教材按照人文主题与语文要素来编排，尚未呈现学习主题统整下的语文学习任务群，这给教师实施单元任务化教学带来诸多困惑。二是学科实践难落地。我们习惯于教课文、讲要素，未能确立"以学为中心"的理念，难以让学生充分经历识字与写字、阅读与鉴赏、表达与交流、梳理与探究等典型的学科实践过程。三是学习方式未转型。缺少挑战性的情境任务，未能以结构化内容"倒逼"学习方式的转变，学生依然处于"被学习"、浅学习的状态。

针对上述问题，组块教学研究团队遵循核心素养形成与发展的内在逻辑，将教材单元重构为学习主题统整下的任务单元，以连续性与进阶式学习任务促进学生深度学习，探索主题任务单元的整体教学，实现从"以教为中心"到"以学为中心"的教学转向。

一是确立"教人做事"的设计理念。素养导向的语文任务化教学，就是要从"书中学"转向"做中学"，变教师"教书"为学生"做事"，让学生人人想做事，个个会做事，事事都做成。"教人做事"的设计，正是循着"做事"的法子，设计出"学"的法子与"教"的法子，构成完整的"教"与"学"。学生正是在积极运用语文解决真实问题的实践活动中，逐步形成正确价值观、必备品格和关键能力的。用语文做成事的过程，就是学生核心素养形成与发展的过程。

二是形成大观念与大问题的双向建构。大观念是内含学科思想、学科方法与学科思维的核心知识，需要从语文要素的上位统整中加以提炼。大问题是具有生活价值、值得反复研究的基本问题，需要从学生真实的语言运用情境中加以归纳。主题任务单元教学的设计路径有两个向度。一是教的向度。从教的向度出发，始于大观念，终于大问题。即从大观念出发，遵循大观念形成的学习逻辑，以任务链为载体，整体建构任务单元，最终实现问题解决。二是学的向度。从学的向度出发，始于大问题，终于大观念。即从大问题出发，遵循大问题解决的实践逻辑，以问题链为载体，整体建构任务单元，最终形成大观念。大观念和大问题，实现了主题任务单元的双向建构。

三是整体设计"以学为中心"的主题任务单元。遵循"教人做事"的设计理念，整体设计主题任务单元教学。（1）确定主题与内容。根据文体类型对语文要素进行上位统整，从中提取大观念，据此确定该文体的系列学习主题。（2）设置情境与任务。遵循任务驱动的学习原理，以角色代入的方式，设计具有挑战性的系列情境任务。（3）制定目标与评价。遵照素养型目标逐级分解的思路，制定适切的学习目标，据此确定学习评价，具体描述可观、可测、可评的学习表现。（4）设计活动与步骤。遵循"做成事"的过程要求，将学习任务具体化为典型的语文实践活动，并细化为可操作的活动步骤。

四是研制以"九宫学习单"为载体的学习工具。我们从学生的学习需要出发，为学生设计了多种学习工具，研制了"目标在中央，任务在四方"的九宫学习单，将单元学习任务转化为课堂实践活动，实现"教有思路，学有地图""学有目标，习有任务"，用工具撬动学生人人学、深度学。九宫学习单不仅为学生搭建了语文学习进程路线图，还为语文学习构建了评价指标，形成了学习评价指标图。教师和学生都可以依据九宫格中所呈现的学习结果，对照学习目标进行评价反馈与自我评价，实现"教—学—评"的一致性。

在多年的教学研究中，我们逐渐形成了"单元整体设计，单篇组块教学"的实践思路，积累了丰富的教学案例，以供教师参考、研讨。为学习而设计，是一项值得长期研究的教学课题，也是我们必须掌握的专业技能。我们所做的实践研究，尚有很多需要改进、深化与完善之处，敬请老师们批评指正。

上篇

新课标和新教材带来的挑战

为了人的发展

语文教育家张志公先生说,语文学习就是带领学生从文章里走一个来回。我们不妨用语文学习的方式到语文课程标准里走一个来回。不难发现,2022年新修订的义务教育课程方案和语文课程标准,把"人"立在课程标准的正中央,以语文课程要培育的核心素养为主线,对课程性质、课程理念、课程目标、课程内容、学业质量和课程实施进行了一体化建构,体现了语文课程标准内在结构的一致性与完整性,系统解答了关于"人"的学习与发展的五个基本问题。

一、为什么要学习

《中华人民共和国义务教育法》规定:"凡年满六周岁的儿童,其父母或者其他法定监护人应当送其入学接受并完成义务教育。"那么,教育就要回答这样一个植根于人性的问题:人为什么要学习?为分数而学?为生存而学?为美好生活而学?为成为更好的自己而学?为中华之崛起而学?……目标不同,学习的意义就不同。教育不但要让人变得有智慧,更要使人变得崇高。新修订的课程方案明确了义务教育阶段的培养目标——让学生成为"有理想、有本领、有担当的时代新人",为学生设定了一个充满希望的成长目标,赋予学习一种崇高的意义感。有理想,才能照亮学习,让学习变得更有意义;有本领,才能激发学习,用学习培养实践能力和创新精神,积蓄成长的力量;有担当,才能实现人生价值,将个人追求融入中华民族伟大复兴的时代大业中，有所作为，有所贡献，成为时代新人。

时代新人新在何处？2016年，"中国学生发展核心素养"研究成果发布。核心素养以培养"全面发展的人"为核心，分为文化基础、自主发展、社会参与三个方面，综合表现为人文底蕴、科学精神、学会学习、健康生活、责任担当、实践创新六大素养，具体细化为国家认同等十八个基本要点，呈现了时代新人必备的素养结构，刻画了时代新人应有的精神画像，为学生的学习和成长设定了一个面向未来的"导航系统"。人的素养结构取决于所学的课程结构，新修订的课程方案优化了课程设置，为时代新人量身定制了九千多课时的必修课程。每一门课程的学习，都会为核心素养的发展注入新鲜而不可或缺的动能，让时代新人时时新、日日新、常学常新。这体现了每一门课程的育人价值和独特贡献。

二、为什么要学语文

语文学习的核心价值和意义，在于实现人的发展。然而，在学生看来，语文学习除了考试有用，对生活基本没有什么用，学生缺少实实在在的获得感。问题出在哪里？出在语文课程的目标导向发生了偏差。以往的教学大纲以双基目标为导向，注重基础知识与基本技能，导致语文学习囿于知识点的逐个讲解和技能点的逐项训练，扎扎实实却外在于人；导致学语文与学做人相背离。之后的课程标准以三维目标为导向，注重知识与技能、过程与方法、情感态度与价值观，完完整整而且回归于人，却又难以落地。三维目标在实践中常常被割裂成三类目标，知识与技能被弱化，过程与方法被虚化，情感态度与价值观被标签化，导致语文学习与人的发展相游离，导致学生失去语文学习的成就感。

新修订的语文课程标准以语文课程要培育的核心素养为导向，聚焦学生通过语文学习应形成的正确价值观、必备品格和关键能力，从文化自信、语言运用、思维能力、审美创造四个方面的关键表现与代表作品中，让学生看到语文学习给自己带来的变化。素养导向的课程目标，对三维目标进行了上位的有效统整，让语文教学从关注学科转向关注人，从关注教转向关注学，从关注学习流程转向关注内化过程；将外在的目标转化为学生内在的需求，以此激励学生在真实的语文实践活动中，经历由知而能、由能而智、由智而善而美的进阶过程，学会语言运用，发展思维能力，促进审美创造，增进文化自信，实现高质量的语文学习，获得"带得走的语文"。

三、语文学什么

学习内容是核心素养形成的载体。学什么与教什么，是教育最重要、最基本的问题。以往的教学大纲和课程标准，常以内容、目标混合的方式呈现学习内容。一般将其分为五个领域，即识字与写字、阅读、写作（写话与习作）、口语交际、综合性学习，每个领域的内容各成系统。现行语文教材以单元编排的方式呈现五个领域的学习内容，又以130多个语文要素来选择与组织具体的学习内容。事实上，一篇课文潜藏着多个语文要素，学生一会儿学这个，一会儿学那个，忙忙碌碌，却又收获不大。

碎片化的内容往往成为学习负担，唯有结构化的内容才能转化为学生的核心素养。新修订的语文课程标准本着少而精的原则，以语文学习任务群的方式呈现结构化的学习内容，按照整合程度，设为三个层面六个学习任务群：第一层设"语言文字积累与梳理"一个基础型学习任务群；第二层设"实用性阅读与交流""文学阅读与创意表达""思辨性阅读与表达"三个发展型学习任务群，从字词句向三类文本次第发展；第三层设"整本书阅读""跨学科学习"两个拓展型学习任务群，从篇到本、从单学科到多学科进行拓展。学习任务群以学习主题来统整学习情境、学习目标、学习内容、学习方法和学习资源等要素，形成了一张具有内在逻辑关联的语文实践活动清单。学习主题以学科大观念为表征，即选取语文学科中最具解释力、统整力和渗透力的核心知识，包括语文思想、语文方法、语文思维等，这是语文课程内容建设的一大突破。比如，思辨性阅读与表达任务群中，以"用事实说话"这个大观念作为学习主题，就可以统整相关要素建构任务单元，设置系列学习任务，共同指向发展学生的核心素养。

四、怎么学语文

学习活动是核心素养形成的路径。尽管多年来各方积极倡导自主、合作、探究的学习方式，但是，碎且浅的学习内容，导致学生仍然习惯于接受性学习，学习方式的变革常常流于形式。布鲁纳的发现学习理论表明，只有原理性的结构化学习内容才能倒逼学生运用发现的方式来学习，从而实现学习方式的转变。语文学习任务群中的每一个学习主题，都含有以语文学科大观念统整起来的结构化学习任务。学生唯有通过自主、合作、探究式的深度学习，才能像语文专家一样去学习，去体验学科大观念形成、建构与运用的过程。这样的语文学习，不同于简单的、自发的、直觉式的生活化学习，是高于生活化学习的学科专业化学习，被称为"学科实践"。这是新修订的课程标准在学习活动方面的一大亮点。

学得多、用得少，想得多、做得少，缺乏必须积累的语文经验，是语文学习最大的问题。学科实践就是要用语文的方式学语文。语文是一门综合性、实践性课程，有三种典型的学习活动，即阅读与鉴赏、表达与交流、梳理与探究。学习任务群视域下的语文学习，就是在真实情境中综合运用三种语文学习方式，即做中学、用中学、创中学，去解决复杂而又不确定的问题。这遵循的是"教人做事"的实践逻辑，"做事"与"做题"的最大区别在于前者让人更有愉悦感与进步感。学生在用语文"做成事"

的过程中会实现核心素养的整体提升。

五、学得怎么样

学业质量是核心素养是否形成的标志。以往的教学大纲和课程标准，对学业质量没有做出具体的规定，学生要学到什么程度、达到什么水平没有统一的标准。学生学业水平的高低是通过分数比较出来的，由此带来的剧场效应和内卷化加重了学生的学业负担，也让语文教学陷入应试的泥潭。教的没考，考的没学，教、学、考成了互不关联的"三张皮"。新修订的语文课程标准制定了基于核心素养的学业质量标准，为学习提供了一条准绳，为教学提供了一个坐标，为评价提供了一个依据，实现了"教—学—评"的一致性。更重要的是，学业质量标准使课程标准更加完整，提升了课程标准的约束力，是课程标准在结构内涵上的一大突破。

语文课程学业质量标准按照日常生活、文学体验、跨学科学习三类语言文字运用情境，整合识字与写字、阅读与鉴赏、表达与交流、梳理与探究等语文实践活动，描述学生语文学业成就的关键表现和代表作品，体现学生完成阶段性学习后核心素养应该达到的水平。在教学实践中，可以学业质量标准为依据，实现由它驱动的教与学的深度变革：一是逆向设计学习过程，以体现学业水平的关键表现和代表作品为依据，以终为始，逆向设计语言运用的问题情境和学习任务，设置学生必须经历的学习活动和行为要求，促进学生的学习进阶。二是体现学业水平的关键表现和代表作品，就像学习的一面镜子，可以帮助学生看见自己，发现学习中的不足与问题，自我矫正学习行为，实现自主学习和合作学习。三是依据日常生活、文学体验、跨学科学习三类语言文字运用情境和学业成就的关键表现设计试题的问题情境与具体任务，根据学业质量标准确定试题的类型和难易程度，实行达标性测评，而非选拔性考试，还给学生一个积极健康的学习生态。

新修订的语文课程标准以人的发展为纲,实现了素养型目标、结构化内容、学科性实践、标准化质量等多方面的突破,为推动语文教学的高质量发展提供了努力的方向与有力的支撑。

用语文教儿童
——统编小学语文教材的教学要义

2017年,统编小学语文教材在全国大部分地区使用,标志着"立德树人"根本任务在语文学科的全面落实。作为教学一线语文教师,我们必须准确把握语文核心素养的深刻内涵与目标指向,充分发挥统编教材的教学价值与育人功能,让学生充分经历真实的语文学习过程,实现从教语文到用语文教儿童的实践转型,避免"穿新鞋走老路"。

一、聚焦语文核心素养

统编语文教材是语文核心素养落地生根的实践载体,用好教材的关键在于从核心素养出发,准确定位语文教学目标。以语文基础知识与基本技能为核心的双基目标,突出了学科本位,却未体现全面育人。以知识与技能、过程与方法、情感态度与价值观为核心的三维目标,着眼于人的全面发展,但在教学实践中却极易割裂成并列的三类目标或三项目标,不自觉地偏向情感态度与价值观目标。以语言建构与运用、思维发展与提升、审美鉴赏与创造、文化传承与理解为核心的语文核心素养,并非这四个要素的简单相加,而是以语言与言语为内核的整体结构,是对三维目标的提炼与升华,体现了学科的育人价值与语文的多重功能。

语文核心素养聚焦语言建构与运用,旨在通过丰富的言语实践实现语言与思维、审美与文化的同构共生。这体现了语文课程鲜明的言语性,超越了工具性与人文性的二元思维,指向语文课程的"培养运用语言与创造语言的现代公民，而非谈论与分析语言的语言学家"这一目标。王宁教授在《语文核心素养与语文课程的特质》一文中指出："语文课程是一门按照汉字和汉语的特点，通过学生在真实的母语运用情境中自主的语言实践活动，培养他们内在的言语经验和言语品质；同时，使他们得到思维方法和培养思维品质，养成基于正确价值观的审美情趣和文化感受能力的综合性、实践性课程。"

语文核心素养在言语实践中可以表现为语文能力和语文品格。在小学阶段，语文的关键能力应该定位于正确运用，是指在听说读写的言语实践中，自觉遵循语言的运用规律，正确认读、理解和使用语言表情达意。即使是个性化表达，也可"随心所欲"而"不逾矩"。语文品格的底色应该是"负责任"，只有对人负责、对己负责，人才会正确说话，说正确的话，语出真心，言而有信。学语文实际上就是学做人。整体来看，语文能力和语文品格，折射出的是一个人在言语实践中的品质，可以称为"言语品质"。语言文字上的讲究和修饰，实质上是思想感情上的推敲和内省。言语品质常常表现为遣词造句的正误与雅俗、谋篇布局的巧拙与优劣。小学语文教学可以设定三个层次的言语目标。一是清通，语句规范、通顺、连贯，可以清晰无误地表达意思，避免误读与误解，实现顺畅交流。叶圣陶先生说，最简单的办法就是写完后多读几遍，耳顺则文通。二是得体，可以根据不同的场合、对象、目的，选择最富表现力的表达方式和话语体式，实现最佳交际效果。这是在语境中面对复杂问题的语言锤炼，需要下咬文嚼字的功夫。三是新颖，可以突破语言规范，在特定语境中创造出个性化的话语。这就需要呵护儿童的想象力，珍视儿童的言语独特性，鼓励儿童说自己的话，拒绝鹦鹉学舌，为儿童创造自由的言语时空。

二、把握双线并进的思路

文选型语文教材不可回避的一个问题是如何呈现确定的教学内容。统编教材按单元编排选文，采用人文主题和语文要素双线并进的结构思路。人文主题体现语文教材全面育人的价值取向，语文要素指向语文能力的整体发展，包括基本的语文知识、必需的读写技能、适当的学习策略和良好的学习习惯等。这是语文课程的本体性教学内容，实现了课程内容的教材化。每个单元围绕一个语文要素展开，并通过单元导语、课后练习和语文园地中的项目等多种方式呈现，让教师可以把握，让学生可以学习。这是语文教材编写技术上的进步。以二年级下册教材为例，七个阅读单元的人文主题分别为春天、关爱、童心、办法、自然、改变和世界之初，其相应的语文要素分别为：①朗读课文，注意语气和重音；②读句子，想象画面；③运用词语把想象的内容写下来；④根据课文内容说简单的看法；⑤提取主要信息，了解课文内容；⑥借助提示讲故事；⑦根据课文内容展开想象。

　　教材中的语文要素呈散点分布，教师在教学中要善于前后勾连、连点成线，梳理出不同要素的教学链，以便由浅入深、由易及难地分步推进。以二年级下册第七单元为例，语文要素是"借助提示讲故事"，四篇课文提供了四种讲故事的方法：《大象的耳朵》中的"抓住关键句子"；《蜘蛛开店》中的"抓住多个关键词及结构图"；《青蛙卖泥塘》中的"抓住人物转换提示图"；《小毛虫》中的"利用词句结合关联图"。教师不仅要把握单元内多篇课文语文要素之间的横向关联，而且要发现单元语文要素之间、年级语文要素之间的纵向关联，梳理出语文要素的整体序列。就第七单元的"借助提示讲故事"而言，在第八单元的《羿射九日》中，又呈现了"利用表格列出事情的起因、经过、结果，按照事情发展的顺序讲故事"的新方法，为中年级"简要地复述故事""变换要素创造性复述故事"等打下了扎实的基础。由此可见，围绕语文要素就可以准确把握每篇课文的教学内容和教学目标，教得准、学得透、用得活，让学生一课一得，得得相连，逐渐形成语文关键能力。

　　双线并进的单元结构，呈现了确定的语文课程内容，走出了"跟着课文的思想内容跑"的误区，实现了从教课文到教语文的转身。需要警惕的是，以语文要素为主线的教学，极易滑入教知识的陷阱。一年级上册第一篇阅读课文是《秋天》，一位老师在教学时将"一"的变调规律一股脑儿搬进课堂，一年级的小朋友听得一头雾水，他们分不清什么情况下念阴平、什么情况下念阳平、什么情况下又念去声。语文要素是对语文学习规律的揭示和归纳，要以儿童已有的语文经验作为教学的前提条件，脱离儿童的生活经验和语文经验，语文要素便难以落地生根。要知道，语文能力不是靠学知识得来的，而是在丰富的语文实践活动中逐渐形成的。先读无数个带"一"的词语或短句，积累丰富的感性经验，再来归纳"一"的变调规律，就会水到渠成。语文要素教学往往要先"举三反一"，而后才能"举一反三"。

三、实践三位一体的教学

以往的语文教材，将选文分成精读和略读两种类型。精读课文花时较多，教得较细；略读课文侧重某个重点，其余略过不教。另外，往往以某篇课文做引子，在文后以"阅读卡片"或"推荐阅读"等形式呈现课外阅读书目。统编教材将精读课与略读课改为教读课和自读课，并增加了课外阅读指导课，构成了三位一体的教学结构。

教读课重在"教"，要凭借文质兼美的经典作品，教学生读写的方法与策略，如朗读、默读、浏览、跳读、猜读、比较阅读等，以期让学生形成读写能力，养成读写习惯。小学教材中，课文后面编制了生字表、田字格，设置了朗读、复述、背诵以及理解与迁移应用字词句等活动；"语文园地"中设计了"识字加油站""字词句运用""展示台""日积月累""书写提示"等栏目。这些做法旨在将"教"聚焦于识字与写字、认读与积累、正确理解与运用词句，凸显小学语文教学的重心。对教读的经典作品，可以从多个角度切入，每次教时侧重一个角度，以便教得透彻一些、充分一些,实现一文多次教。比如,冯骥才先生的散文《珍珠鸟》,可以选取三个角度来教。一是让学生概括雏儿所干的事,找到串起这些事的那根线,并据此有序复述。二是让学生揣摩雏儿干的哪件事最像"小家伙"干的,选择最像的一件事熟读成诵,体会作者藏在事中的情。三是让学生领会作者的写作用意——说理,并讨论两个问题:假如你是笼中的大鸟,看到小鸟睡在人的肩上,最想说一句什么话?假如作者打开笼子,大鸟会生活得更好吗?在讨论的基础上,让学生写一段阅读感言。"事""线""情""理",从不同的角度打开了文本,犹如揭开一点儿苹果的皮,让学生吮吸到了"甜美的果汁"。

自读课重在"读",要放手让学生运用所学的方法与技能,提升读写能力,加快读写速度,最终形成独立阅读的能力与习惯。自读课要体现"学为主体",教师要善于"隐退",让学生自由地阅读批注、质疑问难、交流分享。即使要讲,也要点到为止,把学习的时间和空间还给学生,让他们主动地学、自觉地学。

统编教材设置了"和大人一起读""我爱阅读""快乐读书吧"等栏目,倡导多读书、读好书。从单篇、群文到整本书,不仅是阅读量的扩大,还关乎阅读思维模式的建构、成熟以及阅读品质的提升。就整本书导读而言,教师必须深入阅读原著,把握作品的精髓与阅读路径,通过设计有梯度的阅读活动,将阅读变成一场深刻的精神之旅。郭初阳老师在《动物庄园》整本书导读课中,设置了八个阶梯活动:①猜测作者,教会学生关注作品的时代背景。②看图辨认角色。③回顾角色的命运。④梳理小说的时间结构,整体把握小说的故事脉络。⑤漫谈:说说让自己吃惊的地方,深化学生的阅读体验。⑥深入分析"七戒",帮助学生把握动物庄园里的阶级关系和背后的原因。⑦拓展:观看电影《动物庄园》片段,用一个词语来评价"拿破仑"。⑧写作训练:如果你生活在动物庄园里,你将有怎样的行动方案?这样的导读课,打破了课时的局限,锤炼了学生的批判性思维,帮助学生建构了整本书阅读模式,从小说的人物与情节走向小说的主题与结构，将学生带入自读所无法企及的阅读审美境界。但这样做的前提是，教师先要成为一个优秀的读者。

四、运用深度学习策略

温儒敏教授曾经说过统编语文教材专治烦琐病、空泛活动、满堂灌、多媒体泛滥、碎片化教学等诸多顽症，并开出了"多读书"的良方。不仅要多读书，更要善读书，要读得进、记得住、用得出，拒做书虫、书呆子或者书袋子。语文教学要引导学生运用深度学习策略，改变惰性学习。

1. 结构化

我们尚未建立"语文学"，语文学科所教的知识来自语言学、修辞学、文章学、写作学、语用学等多个学科，处于无序状态。这些零散的知识隐藏在选文中，教师随文而教，东一榔头西一棒子，必然会造成语文知识的碎片化。事实证明，碎片化的知识难以解决复杂的问题，反而会成为记忆的负担。语文教学时，要改变学习方式，让学生凭借语文经验，从文本的语言现象中发现那些新鲜的语言形式，通过类化学习提炼语言运用规律，形成结构化的言语知识，自主建构起自己的言语认知结构。比如，学习分角色朗读时，可以让学生通过多篇范文的分角色朗读练习，逐渐积累结构化的策略性知识系：理清角色关系、辨识环境场合、把握情感基调、凭借话语信息（提示语、语气词、标点符号、句型句式）、模拟人物特征。可以说，结构化的知识是从学生的语义经验中生长出来的，而不是听来或者看来的。

2. 迁移

语文教学高耗低效的症结之一，就在于将听说读写、将语文与其他学科以及鲜活的生活割裂开来。教学的意义则在于促进语文知识与技能的顺畅迁移，让学生在真实的生活情境中、在复杂的问题解决过程中实现知识向能力的转化。以《鞋匠的儿子》为例，文中的林肯只用三段话就化解了尴尬，赢得了赞叹的掌声。他的话语中隐藏着"秘密"：以礼待人、以理服人、以情感人。如果不加以运用，学生便体会不到话语的力量，就无异于纸上谈兵。于是，我设计了以下三个生活化的问题情境：①小明虽然家境贫穷，但在募捐活动中，仍将身上仅有的三元硬币投入爱心箱。一个同学故作惊讶地说："哎呀呀，叮叮当当的，你捐得可真不少啊！"②小明腿有残疾，在植树活动前，一个同学不耐烦地说："你就别去了，省得给人添麻烦！"③小明的学习成绩不太理想，在班干部竞选中，一个同学笑着说："你成绩这么差，还想当班干部？"我们可以鼓励学生站在小明的立场上，借用林肯的说话方式来化解尴尬。一位同学这样写道："谢谢你对我的夸奖。我知道我捐的并不多，但也代表了我的一片心意。有人说，穷人捐出的一块钱，有时比富人捐出的一百元还要珍贵。假如我连一块钱也没有，那么我会给他们一个温暖的拥抱或者一个善良的微笑。爱心，是不能用金钱来衡量的。"学生在运用语文知识与技能化解矛盾，使生活变得更加美好的时候，才会领略到语文的魅力，从而爱上语文。

3. 洞察

面对各种言论，要有一个独立思考的头脑，敢于质疑，勇于批判，从而抵达文本的思想深处；面对纷繁复杂的语言现象，要有一双能够透视的眼睛，看到语言形式背后的智能意义，从而准确把握语言的运用规律与艺术。这种深刻的洞察力和语言的敏感力，是语文深度学习水平的标志。即使是《小马过河》这样简单的故事，善于学习的人也不会止步于"要自己去试一试"，而是能辩证地思考别人的劝告是真是假、是对是错：站在老牛和松鼠的立场上看，它们的劝告都是真的、对的；而站在小马的立场上看，它们的劝告虽然是真的，却是错的。如果更进一步思考，还能发现老马说的"光听别人说，自己不动脑筋，不去试试，是不行的"，隐含着做成事的三大准则：多听、多思、多尝试。这是一种穿透故事后获得的言语智能。语文教学就是要让学生越学越聪慧。

4. 移情

语文教材通过选文将爱国主义思想、社会主义核心价值观等潜移默化地融入学生的内心世界，促进学生的精神发育。这种情感态度与价值观的教育，不能停留在认知层面，更不能用贴标签的方式进行训示。学科育人当如春风化雨，润物无声，最好的办法就是移情，将课文中作者的思想感情、态度观念，通过语文实践活动悄悄地、不着痕迹地移植到学生的生活世界里，让学生感同身受，实现情感的共鸣和思想的认同，将其转化为日常生活中的自觉意识和自觉行为。例如，读完《慈母情深》，可以让学生以"第一次"为题，写一写母亲给他感觉最温暖的"第一次"。在深情的回忆与动情的书写中，学生对母亲的情感也会变得更加浓烈。大爱无声，教育无痕。语文，要从教学走向教育，这样才能立德树人。

这，或许才是统编教材所要追求的理想境界。尊重教材，理解教材，创造性使用教材教儿童学好语文，是语文教师不可推卸的职责。

语文学习任务的内涵价值与设计要义

语文学习任务是《义务教育语文课程标准（2022年版）》（以下简称新课标）中的一个关键词，也是撬动语文课程与教学改革的一个杠杆。由于新课标对"语文学习任务"及相关的"任务""学习任务""语文学习任务群"等概念，未做明确的界定，所以在实践中众说纷纭，甚至有人严重误用。有人将它理解为学习主题，有人将它当成了学习目标，有人将它混同于讨论的问题，甚至有人将一般的学习活动与课后习题等统称为"语文学习任务"。只有从实际教学需要出发、从课程与教学的实践视角，对语文学习任务的内涵进行解读，厘清是什么、为什么、怎么做等基本问题，才能助力一线教师以语文学习任务这个杠杆撬动家常课的深层变革，在真实的任务完成过程中促进学生形成与发展核心素养。

一、内涵解读：从内容载体到专业实践

任务是日常生活、学习、工作中的常用语，通常指承担的事务或责任。学习任务、语文学习任务和语文学习任务群，则是教育教学领域的专用语，具有特定的内涵。唯有从课程与教学的专业视角出发，才能对它们的内涵达成共识。可以结合新课标中的相关表述，从以下三个视角解读语文学习任务的内涵。

1. 从课程视角看，语文学习任务可以理解为"情境化的内容"

新课标"课程理念"部分有这样一段表述："义务教育语文课程结构遵循学生身心发展规律和核心素养形成的内在逻辑，以生活为基础，以语文实践活动为主线，以学习主题为引领，以学习任务为载体，整合学习内容、情境、方法和资源等要素，设计语文学习任务群。"语文学习任务群是结构化的语文课程内容，新课标设置了三个层面六个语文学习任务群。语文学习任务则是语文课程内容的载体，相互关联的系列学习任务组成语文学习任务群。事实上，语文课程内容的核心是语文知识，载体既有代表性文章，也有关键性事件，还有跨媒介的各类活动等。而语文学习任务这种载体是将抽象的语文知识融入特定的问题情境中，呈现为情境化的课程内容，犹如将盐溶于水。比如，思维方法是抽象的学习内容，凭空讲思维方法无异于直接吃盐，而以"聪明人的思维帽"这个学习任务来呈现，则变得生动有趣。学生在阅读《田忌赛马》的过程中，找原因，找优势，找办法，找漏洞，最终找到了孙膑出奇制胜的四顶思维帽，学到了思维方法。学习任务让冰冷的思维方法有了故事情境的依托，变得具体可感、强而有力。

2. 从教学视角看，语文学习任务可以理解为"主题化的活动"

新课标"课程内容"部分有这样一段表述："设计语文学习任务，要围绕特定学习主题，确定具有内在逻辑关联的语文实践活动。"语文学习任务是指向核心素养的系列语文实践活动，实质是在真实情境中运用语言文字解决问题，包括识字与写字、阅读与鉴赏、表达与交流、梳理与探究。语文学习任务中的实践活动，不同于以往的知识点讲解与技能点训练，而是以学习主题统领的结构化学习，是学生必须经历的学科实践。比如，围绕学习主题"伟大的力量"，设计学习任务——"将《清贫》这篇文章改编成课本剧"，学生以编剧的身份经历了下列学习活动：一是解读文本——朗读人物对话、梳理故事情节、描述人物形象；二是拟定剧名——讨论"清贫"的含义、从方志敏的话语中提取关键词作为剧名；三是创作剧本——编写人物台词、设计舞台提示、补写一段剧终的画外音。从解读文本、拟定剧名到创作剧本，三项语文实践活动在"伟大的力量"这个主题的统整下，成为一个文学阅读与创意表达的有机整体，具有教学的增值效应。

3. 从学习视角看，语文学习任务可以理解为"专业化的做事"

新课标"课程目标"部分有这样一段表述："核心素养是学生通过课程学习逐步形成的正确价值观、必备品格和关键能力，是课程育人价值的集中体现。"在崔允漷教授看来，核心素养就是"能做事"，关键能力是"能做成事"，必备品格是"习惯做正确的事"，价值观念是"坚持把事做正确"。对学生来说，语文学习任务就是"用语文来做事"。学生在"做成事"的过程中，形成与发展自己的核心素养。俗话说，专业的人做专业的事。"用语文来做事"是一项专业的事，要有专业眼光和专家思维。比如，同样是给人讲道理，"给骄傲的弟弟讲谦虚做人的道理"这个学习任务就是一件专业的事。学生在阅读与探究中发现了《落花生》中父亲借物说理的秘诀：先是"物与物比"，以桃子、石榴、苹果衬托花生的可贵之处；再是"人与物比"，以花生的可贵之处隐喻做人的必备品格；最后是"人与人比"，从正反两个方面阐明要做什么样的人。三次比较，由物及人，由人及理，这就是借物说理的专家思维。在这样的学习活动中，学生才能学会借身边的竹子等事物，像专家一样深入浅出地给弟弟讲谦虚做人的道理。

二、价值指向：从知识传递到知识建构

语文课程内容的核心是语文知识，如何把语文知识装进学生的脑袋里呢？一般有两种方式：一种是知识传递，采用教师直接讲授的方式；一种是知识建构，采用学生自主探究的方式。前者的课程组织形态是学科知识；后者的课程组织形态是学科实践，包括学习任务、学习项目、主题活动等。语文学习任务旨在让学生在解决真实情境下的问题过程中，主动探究知识，积极运用知识，实现从知识传递到知识建构的学习变革，解决学习的三个老大难问题。

1. 从被动学到主动学，激活学习的内在动力

在知识传递型教学中，学生吃的是"现成饭"，缺乏足够的学习动力，陷入被动学习的状态。语文学习任务把学生置于真实的问题情境中，将生活需要与知识学习关联起来，可以激发学生对知识的渴望，学生会千方百计"找食吃"，呈现积极主动的学习状态。比如，学生犯了错，要写一份检讨书。怎么写才能得到谅解？有了这样迫切的实际需要，学生就会主动学习检讨书的格式与写法，研究怎么如实叙述、怎么分析错误、怎么请求谅解这些关键问题，甚至主动请教别人。如果写出来的检讨书使学生获得了谅解，就会进一步增强学生的学习积极性。

2. 从记中学到做中学，倒逼学习方式的变革

要让学生学得主动、学得生动，关键在于学习方式的变革。碎片化的知识只需"记中学"，不需自主、合作、探究。美国心理学家布鲁纳认为，唯有结构化的知识，才需要发现学习。语文学习任务群下的系列学习任务，就是结构化的课程内容。它们倒逼学生采用"做中学"的探究式学

习方式，在问题解决中发现与建构知识。比如，学习三年级上册第三单元时，学生要完成"创编一个关于'国王、黄昏、厨房'的童话"这个具有挑战性的学习任务，就必须深入阅读与研究这个单元中的四篇童话。通过比较、讨论、归纳，发现童话的不同类型——愿望类、朋友类、选择类、三个儿子类等，并在创编童话中积累童话写作的实践经验，总结出不同的构思方法和结构模式，实现童话类读写知识的自主建构。

3. 从学会了到会学了，实现核心素养的落地

俗话说，在游泳中学会游泳，在做事中学会做事。在知识传递型教学中，学生只是听懂了、记住了，并不一定理解了、学会了。而知识建构型教学让学生在真实的问题解决中，不但理解了、学会了，而且会学了。前者就像交给学生一个导航仪，学生凭借导航仪可以顺利到达目的地。一旦没有导航仪，学生就找不到方向和路径。后者就像让学生在城市里闯荡，学生在闯荡中形成了一幅属于自己的"脑地图"。即使变换了目的地，学生依然可以找到正确的方向和路径。语文学习任务就是让学生在学习"做事"的过程中，建构一幅属于自己的知识地图，丰富与完善自己的认知结构，改善与更新自己的心智模式，并在真实的语言情境中形成与发展核心素养。比如，学生在创编童话的任务学习中，熟练掌握了童话的结构模式和构思方法，就会形成自己的童话认知地图，并自觉将其运用于童话乃至神话的读写实践中，实现自主阅读与自能写作，从"学会"跨越到"会学"。

三、设计要义：从始于文本到始于问题

我们习惯从教材的文本出发设计教学活动，先解读文本，再分析学情，然后设计活动。这遵循的是知识传递的教学逻辑，突出知识的逐点讲

解与技能的逐项训练，折射的是"教人做题"的设计理念。语文学习任务设计是从学生的真实问题出发设计学习活动，先分析需要，再创设情境，然后设计任务，确定具有内在逻辑关联的语文实践活动。这遵循的是知识建构的学习逻辑，体现的是"教人做事"的设计理念。设计语文学习任务，要以核心素养为导向，从单元整体的视角准确把握单篇学习任务设计的三个要义。

1. 内容整合

统编教材以选文为课程内容的载体，单篇选文包含多方面的学习内容，如果我们缺乏整合意识，就容易导致学习的碎片化。从语文学习任务群的视角看，单篇选文包含不同类型学习任务群的学习内容。比如，三年级上册《大自然的声音》，从语言角度看，文中描写声音的词句生动形象，其中拟声词、形容词、比喻句、拟人句、排比句等对应语言文字积累与梳理任务群。从文体角度看，这是一篇描写大自然声音的散文，适合文学阅读与创意表达任务群。从实用角度看，这是一篇介绍自然界不同声音的说明文，和实用性阅读与交流任务群相匹配。学习任务设计的纠结之处，就在于如何取舍与定位。新课标"教学建议"部分有这样的表述："综合考虑教材内容和学生情况，设计不同类型的学习任务……""教材编写建议"部分又有这样的表述："要根据六个学习任务群的特点……也可设置关联性的学习内容，实现同一学段不同学习任务群内容的整合。"由此可见，无论是单元选文还是单篇课文，都要在精准把握选文的任务群类型与教学功能的基础上，从学生的学习需要出发，设计关联性学习任务，实现不同任务群内容与功能的整合。就《大自然的声音》来说，将积累与梳理生动的语言设为基础型内容，将倾听与表达美妙的声音设为发展型内容，以"用生动的语言表达美妙的声音"为学习任务，就可以实现两种类型任务群内容的有机整合。需要强调的是，基础型内容是学生学习语文的"刚需"。

2. 主题引领

语文学习任务不是若干学习活动的拼盘，而是围绕特定学习主题的关联性学习活动，它们共同指向核心素养。新课标"教学提示"中列举的"我爱我家""多彩世界"等学习主题偏向人文性。从学习任务群的目标定位来看，学习主题似乎更应聚焦学生在任务学习中遇到的本质性问题。比如，在思辨性阅读与表达任务群的内涵阐释中，以"旨在……"的句式，明确了所要达成的任务群目标，也相应地揭示了所要解决的本质性问题：掌握哪些思维方法？如何辩证思考问题？怎样有理有据、负责任地表达观点？如何养成勤学好问的习惯？由这些本质性问题来确定单元的学习主题，似乎更能贴近学生的学习需要，更能瞄准任务设计的靶心。比如，二年级上册第一单元编排了《小蝌蚪找妈妈》《我是什么》《植物妈妈有办法》三篇科普性文章，学生在真实的学习情境中遇到了这样一个本质性问题：如何透过变化的现象看到事物的真相？据此，我们以"奇妙的变化"为单元学习主题，找准了学习的真问题，激发了学生的好奇心，引入质疑、比较、归纳等思维方法，突显了任务的思辨性。

有了单元学习主题，再来设计单篇学习任务，就有了"主心骨"：学习《小蝌蚪找妈妈》时，以"不一样的名字"为学习任务，探究动植物的变态生长；学习《我是什么》时，以"不一样的样子"为学习任务，探究水的变化规律；学习《植物妈妈有办法》时，以"不一样的旅行"为学习任务，探究植物传播种子的办法。由此可见，单篇学习任务设计要从单元整体着眼。以单元学习主题引领单篇学习任务设计，才能更好地实现单篇的任务化教学。

3. 逆向设计

以往的教学设计，依序为教学目标、教学活动和教学评价。评价后置的结果是缺少学习的过程性评价，教师常常借助单元检测或单篇作业获得教学反馈，而后再进行补偿性教学，类似于亡羊补牢。语文学习任务设计应采用以终为始的逆向设计：先确定学习目标，再对照学习目标设定评价要求，最后设计学生必须经历的学习活动与活动步骤，为学生规划一个做事的路线图。完整的学习任务包括情境与任务、目标与评价、活动与步骤三个部分。

第一步，设定情境与任务。在单元学习主题的引领下，创设真实的情境与任务。情境与任务的真实有三种。一是现实的真实，用的是真人、真事、真场景。比如，让学生以当事人的身份写一份寻物启事，学生做的是一件实实在在的事，这是物理的真实。二是可能的真实，用的是学生在生活中可能会遇到的事情。比如，学习《西门豹治邺》时，让学生以老大爷的角色将逃到外地的邻居劝回来，人物和场景是假的，劝解却是每个人都可能会遇到的真事，这是功能的真实。三是虚拟的真实。比如，学习《宝葫芦的秘密》时，让学生以角色代入的方式表演或者重构故事，故事是假的，体验却是真的，这是心理的真实。根据"教人做事"的设计理念，真实的情境与任务要围绕五个关键问题来设计：做什么事？以什么角色做？和谁一起做？用什么做？做成什么样？比如，学习《为人民服务》时，可以设计这样一个具有挑战性的学习任务："学校要开展'光盘行动'，请你代表少先队大队部在周一的升旗仪式上，做一个关于'光盘行动'的5分钟演讲。"角色至关重要，学生以不同的角色"做事"，就会以角色的专家思维来思考问题、解决问题，也会在任务完成过程中更新自我认知。

第二步，确定目标与评价。根据设定的情境与任务，遵照任务群目标→单元整体目标→单篇任务目标逐级分解的思路，确定具体的学习目标。而后对照学习目标，确定合适的评估证据，具体描述可操作、可观测、可评判的评价要求。最后以学生的关键表现和代表作品来实证学习目标的达成度。比如，二年级上册《狐假虎威》，学习任务是"猜猜寓言这个'谜'"，学习目标以及据此设计的相应的评价要求见下表。

《狐假虎威》学习目标和评价要求

学习目标	评价要求
1. 能分角色朗读并进行角色扮演，会表现不同的语气、动作与神态	1.1 能区分并读出祈使、疑问、反问与感叹四种语气 1.2 会分类整理表示不同角色（狐狸与老虎）动作与神态的词语，并能学着插图中的样子表演出来
2. 能判断与质疑角色言行的对错，能由果溯因探究故事中的道理	2.1 能根据不同角色所说的话、所做的事，辨别对错 2.2 能用"因为……所以……"的句式说明白造成错误结果的原因 2.3 能根据故事情节，正确认识到狐狸是狡猾而不是聪明

第三步，设计活动与步骤。语文学习任务下的学习活动，应具备三个特征。一是结构化。围绕学习任务，设计前后关联的活动链，促使学生经历完整的学习过程。比如，《狐假虎威》中的分角色朗读与猜谜活动，前者重再现狐狸和老虎的形象，后者重思辨、探究狐狸和老虎的对错，契合从形象思维到抽象思维的学习逻辑，可以实现结构化学习。二是实践性。在完成任务驱动的学习活动时，学生既要动脑筋，也要动身体，还要借助多种学习工具进行操作实践，比如角色扮演、模型制作、方案设计等。三是充分性。以阶梯式活动步骤逐层展开学习过程。每个步骤都要设置学习的规定动作和成果形式，与学习评价相对应，有效地实现学习目标。比如，分角色朗读活动设置四个活动步骤：①比一比，赛一赛：根据提示语和标点符号，读出狐狸和老虎的不同语气。②画一画，做一做：画出文中描写狐狸和老虎动作与神态的词语，分一分类，做一做动作，演一演神态。③同桌合作，演一演：把狐狸和老虎的故事表演出来。④演一演，评一评：推荐一对同桌上台表演，全班同学做评委，对照语气、神态、连

贯、创意等方面的标准进行评议。这样的具体步骤可操作，可观测，可评价。

　　由学习任务撬动的语文课堂，实现了从以教为中心到以学为中心的教学转型，学生在课堂上拥有了整块的学习时间，动起来、做起来、忙起来了。学习任务主导的语文学习，实现了从多记多练到少教多学的实践变革，学生在完成任务的过程中经历了知识的建构过程，活化了知识。学习任务创造的语文生活，实现了从"记中学"到"做中学"的学习方式的变革，学生在用语文"做事"的过程中达成了知行合一，成为一个完整的人。

用语文"做事":素养导向的任务设计要义

"双减"政策的宗旨在于让教育回归学校、让教学回归课堂、让学习回归生活。常态语文课堂教学,尚未解决高耗低效的顽症,存在三个问题。一是教得碎,字词句篇、语修逻文、听说读写,面面俱到,散点拼装,没有结构化,缺乏针对性。二是用得少,应试化的题目做得多,生活化的问题解决得少,不接地气,缺乏实践性。三是学得被动,学生围着教师转,教师教什么学生就学什么,教师怎么教学生就怎么学,按照流程齐步走,缺乏主动性。古人云:"运筹帷幄之中,决胜千里之外。"高质量的课堂教学,取决于高水平的教学设计。提高课堂教学效率的关键是转变设计思路,从设计"教"转向设计"学",以学习任务驱动有效学习,将学习时间和锻炼机会还给学生,实现"少教多学""提质增效"的"双减"预期。

一、"教人做事"的设计理念

我们常说的"备课",备的是教师在课堂上要"教什么"和"怎么教"。围绕课文发掘相关的语文知识、设计相应的问题与练习,折射的是"以知识为纲"的"教人做题"的设计理念,骨子里是"以教为中心"的传统教学观,教的是"书",做的是"题",为的是"分"。现代教学观倡导"以学为中心",为的是"人",做的是"事",教的是"学",学的是"用语文'做事'"。这种观念下的"备课",备的应该是学生在课堂上要"做什么事"和"如何做成事",围绕学习整合知识、方法、资源和技术,设计任务情境,设置系列活动,让学生在问题解决中提升语文素养。这是"以素养为纲"的"教人做事"的设计理念。用语文"做成事"的过程,就是语文素养形成与发展的过程。素养导向的语文学习任务设计,就是要从"书中学"转向"做中学",变教师"教书"为学生"做事",让学生人人想做事,个个会做事,事事都做成。

从"教人做题"转向"教人做事",是设计理念的一次迭代,也是克服高耗低效顽症的一剂良药。语文是一门学习语言文字运用的综合性、实践性课程,"做题"只是对知识与技能的训练,犹如在岸上学游泳;"做事"则是运用知识与技能解决复杂问题的综合性实践,犹如到河里去救人。"做题"与"做事",看似学生都在做、都在忙,但做的意义与忙的价值截然不同。首先,"做题"做的是"别人的事",是老师布置的作业,学生难免消极被动;"做事"做的是"自己的事",是自己选择的任务,学生往往有学习的责任感与主动性。其次,"做题"做的是书本知识的搬运工,始于记忆,止于技能;"做事"做的是生活问题的解决者,学生在实践运用中整合、活化碎片化的书本知识并将其内化为语文能力,从而增强学习自信心,提升创造力。最后,"做题"不是完整的"教",也不是完整的"学";"做事"需要学生投入整个身心才能完成,是完整的"全人学习","事"做成了,"人"也做好了。正如陶行知先生所倡导的"教学做合一","做"是核心,"教"的法子要根据"学"的法子,"学"的法子要根据"做"的法子。"教人做事"的设计,正是循着"做事"的法子,设计出"学"的法子与"教"的法子,构成完整的"教"与"学"。

二、任务设计的逻辑起点

"教人做事"就是为学生设计学习任务,需要回答三个问题:为什么做?怎么做?做了又怎样?任务设计需要确立以下三个逻辑起点。

1. 从需要出发

只有想"做事",才能想方设法"做成事",任务设计的起点在于学生的学习需要。要抓住学生的好奇心、好胜心和求知欲,在学习情境中设计不同的角色,并赋予角色相应的使命与任务。学生一旦选择了特定的角色,自然就会产生内在的学习需要,就会自觉担负起角色赋予的学习任务。比如,教学生做"认读课文中的生字词"这件事,可以设计三种角色。第一种是"竞赛者",设置"比谁认得快、读得熟"的角色任务,就能激发学生的好胜心。第二种是"小老师",设置"谁能教大家读"的角色任务,就能激发学生渴望变得伟大的心理需求。第三种是"收藏家",设置"谁能把这些字词归类收藏"的角色任务,就能激起学生梳理与探究的欲望。说到底,任务设计的是"角色的成长故事",为的是满足学生的角色代入需求,实现"在角色代入中成长"。

2. 以结果为导向

"做事"的人对结果往往怀有一种美好的期待,这是一种自我激励。在任务设计之初,就要设定可预见的"成事"结果,比如生活问题的解决、行为态度的改变、言语作品的完成等。以结果为导向的任务设计,是一种逆向设计,由结果倒推完成任务必须经历的关键事件,以更加科学地设置学习的台阶。以结果为导向,既可以激励学生一步一个台阶地努力,也可以让学生借此进行自我评价,以增强学习的自我效能感。

3. 向管理要效率

课堂教学是教一群人"做事",没有组织,"事"就不能落地;没有管理,"做"就没有效率。课堂管理不是简单的管纪律,而是通过行为约定和活动指令，引导学生进入最佳学习状态，高质量地完成学习任务。任务设计必须细化三项课堂管理。一是时间管理。可以采用计时器等管理工具，限定每个学习任务的完成时间，将学习时间真正还给学生，让学生既有充分的学习时间，又能保持适度紧张的状态。二是指令管理。管建刚老师在习作课堂上创造了一系列简短有力的口令，比如"时间不到，读书不停""任务单，拿出来""说看黑板，就看黑板"等，以及一些无声胜有声的手势，改掉了学生的小动作，提振了班级的精气神，让学生养成了专注的好习惯，增强了学生的学习执行力。三是分合管理。哪些任务要独立完成、哪些任务要合作探究、哪些任务要交流对话，对此要做出合理的划分与有序的组织，以实现个体学习与群体学习的深度交互。

三、有效任务的设计要义

"事"就是任务，一个完整的学习任务包括学习情境、学习角色、学习对象、学习目标、学习事件、学习资源等诸多要素。有效任务的设计，必须遵循学习逻辑、学科逻辑和生活逻辑，整合设计要素，将任务设计成令学生向往的"语文生活"。

1. 以角色代入，凸显真实性

只有真实的任务情境，才能让学生全身心投入。这里所说的真实有三种。一是现实的真实，就是学生生活世界的真实。真实的情境任务，就是从学生的生活中来，到学生的生活中去，是真人、真事、真场景。比如，学习《只有一个地球》时，让学生做"调查员"，到社区去做一项"水资源的利用"实地调查，给地方政府写一份关于实施雨污分流工程的建议书，给当地居民写几条节约用水的宣传标语。二是可能的真实，就是生活中有可能会发生，学生有可能会遇到，任务的对象是真的。比如，在《鞋匠的儿子》一文中，面对参议员的羞辱，林肯不卑不亢，用三段话化解了尴尬，赢得了别人的尊重。用话语来化解尴尬是生活中交际的需要，每个人都有可能遇到。可以让学生做"小林肯"，遭遇这样一个尴尬：竞选班干部时，一位同学对他说："你成绩这么差，还想当班干部？"如何化解这一尴尬？考验的是学生的话语水平和品格素养。三是虚拟的真实，课文故事里的人物和场景有的是虚拟的，但是扮演其中的角色进入其中的场景，学生就能在角色代入中获得真实的体验。比如，学习《风娃娃》这个童话故事时，可以让学生做一回"风娃娃"，按照来到哪里—看到什么—怎么做—结果怎么样这样的故事结构，创造性地讲述"风娃娃"为别人做的好事：吹散大雾，方便人们出行；吹动风车，为人们发电……虽然情境是虚拟的，但情感体验是真实的。

2."剧情"不确定，具有挑战性

"做题"犹如在设定的迷宫里探路，"剧情"是确定的，总有一个正确答案；"做事"就像在复杂的丛林里探险，"剧情"是不确定的，充满风险和可能。设计具有挑战性的学习任务，就是设计不确定的"剧情"，以复杂的问题锻炼学生的高阶思维，让学生跳起来才能摘到果子。一是提出"非常"问题，找准学生学习中的盲点，"无中生有"，设计非常规的问题，以此打开学生思维的空间。比如，学习《跳水》时，学生对故事并不陌生，但对"情节推动"的构思模式不得其门而入。我们不妨让学生做"侦探"来破案：是谁把孩子推入险境的？水手们的"笑"、猴子的"逗"、孩子的"气"、帽子里的"面子"……单个看都没错，"错"的是人物之间的"多重锁链"，正所谓"雪崩时，没有一片雪花是无辜的"。这样的发现式任务，极富思维的挑战性。二是多设几道"关卡"，针对学习中的关键节点，设计多个学习任务，延长学生积极思维的长度，促进学生深度学习。比如，学习《慈母情深》时，学生对慈母之爱流于肤浅的理解，因此有必要让学生做一次"穿越者"，回到那个穷苦的年代，对一元五角钱连做三次探讨：一议是多还是少，二议是重还是轻，三议是甜还是酸。响鼓还需重锤敲，思维就像鼓面，没有这三次"议"来敲，又哪来学生对爱的深刻体认？三是设置多条"岔路"，在复杂多变的情境问题中，鼓励学生摸着石头过河，锤炼独立思辨的能力，找到最佳学习路径。比如，学习《珍珠鸟》时，在梳理出关于小鸟的七件事后，让学生做"接线员"：从时间线、地点线、胆子线、信赖线、情感线等中找到穿起七件事的那个线头。条条大道通罗马，学生从多条"岔路"中找到了散文的抒情秘诀：明线与暗线交织，时间分先后，地点看远近，感情有亲疏。学生在完成有挑战性的任务过程中，生长出学习的智慧。

3. 用语文"做事"，回归学科性

语文学习任务设计要体现语文的学科特质，要做语文的事，要用语文的方式"做事"，应该突出两个方面。一是语文学习任务的内核是语文核心知识。完整的语文核心知识，应该包含三层内容：第一层是定义和概念，第二层是定义和概念背后的思维与逻辑，第三层是思维与逻辑背后的思想、信念和情感。浅层的知识多而碎，难以解决复杂问题；深层的知识少而精，才能改变人的心智模式。没有语文核心知识支撑的语文学习任务，就没有语文性。二是以典型的语文学习方式学语文。听说读写是运用语言的四种基本方式，构成了语文学科三种典型的任务学习活动。①阅读与鉴赏。前提是读。书不读三遍就没有发言权，只有在文本中走几个来回，才能揣摩其中的秘妙。②表达与交流。核心是议。只有在独立思考的基础上，才有思想的交流与观点的碰撞。只有想得透，才说得清。③梳理与探究。关键是做。对所学的语言材料与语文知识进行归类，是为了更好地运用与实践，并建构起具有个人风格的话语系统。比如，学习《手指》时，可以让学生做一回"小裁判"，读一读、比一比、写一写。一比五根

手指谁最美（从姿态描述中读出美丑），二比五根手指谁最强（从干活举例中分出强弱），三比五根手指谁最可爱（从性格描写中看出褒贬），四比五根手指的写法有何异同。在比较中，学生发现了丰子恺先生幽默背后独特的表达方式：夸大特点举例写与夸大特点拟人写。在此基础上，让学生做一回"代言人"：模仿丰子恺的写法，用幽默的话语写一写"五官争功"，为自己的五官代言。读、比、写都是语文学习方式，"善意的夸张"则是深层语文知识，这样的任务群就弥漫着语文的味道。

4. 连成任务群，突出整体性

语言建构与运用、思维发展与提升、审美鉴赏与创造、文化传承与理解，语文核心素养的这四个方面不是孤立发展的，而是融合在学生的语文经验与生活经验里，是在经验的土壤里生长与拔节的。"做事"就是长经验的过程，就是语文核心素养内生的过程。"教人做事"与发展素养具有内在的统一性。素养贵在积淀，"做事"贵在坚持，任务设计贵在将一个个任务连成任务群，让学生在连续性任务学习中拾级而上。比如，学习法布尔的《蜜蜂》一文时，可以让学生代入不同的角色，挑战阶梯式学习任务。首先，做实验设计者，在熟读课文的基础上，将作者的观察手记设计成一个科学实验，梳理实验目的、实验过程和实验结论。其次，做一回法布尔，在实验成果发布会上，用简练而准确的语言介绍关于蜜蜂的实验过程和实验结论。最后，做发布会现场的记者，对法布尔的实验进行提问。可以针对实验步骤提问：为什么叫女儿在蜂窝旁等着？为什么走四公里路？为什么做记号？也可以针对实验手记提问：为什么用"左右""好像""可能""将近""大约"这些表示不确定的词？还可以针对实验结果提问：为什么还有几只没有回来？这个实验还有什么需要改进的地方？这样三个层层递进的学习任务，会促使学生从不同的视角对文本进行深度阅读，从而掌握关于蜜蜂的科学知识，理解科学实验的设计过程以及科普文章简练、准确的语言表达要求。可见，任务与任务之间唯有以素养为主线建立内在的关联性，才能形成完整的任务群，实现任务学习的整体效应。

5. 用工具撬动，落实参与性

提高课堂教学效率，关键是提高每一个学生的学习效率。众所周知，效率＝任务÷时间。任务设计要面向每一个学生，给予他们公平的学习机会，争取人人都有任务做、个个都有时间做。为保证每一个学生都能积极参与任务学习，我们开发了九宫学习单这个便教利学的工具（见下图）。

任务1 小小收藏家：先读再写，做做手势，记记动词。 （lā）胡琴 （dǐ）住水 （àn）住血 （dīng）重物 （fān）书页 （diàn）电铃 （zhāo）人 （sāo）痒痒 （tuī）笔杆 （dǎ）电话 （bān）枪机 （dǎ）算盘 （níng）螺丝 （jiě）纽扣 （yān）脂粉 （zhàn）药末 （dài）戒指 （tāo）耳朵 （mǒ）鼻涕 （zuò）兰花	任务2 小裁判：读一读，比一比哪根手指最美。 | 排名 | 手指名称 | 长相姿态 | |---|---|---| | | | | | | | | | | | |	任务3 小裁判：读一读，比一比哪根手指最强。 | 排名 | 手指名称 | 能干的活 | |---|---|---| | | | | | | | | | | | |
任务8 分享者：熟读小古文《五官争功》，把故事讲给别人听。 口与鼻争高下。 口曰："我读古今是非，尔何能居上我？" 鼻曰："饮食非我不能辨。" 眼谓鼻曰："我近鉴毫端，远观天际，唯我当先。" 又谓眉曰："尔有何功居上我？" 眉曰："我虽无用，亦如世有宾客，何益主人？无即不成礼仪。若无眉，成何面目？"	**手指** 学习目标 ☐ 归类积累词语，准确运用动词。 ☐ 比较五根手指的异同，领会作者的"手指观"。 ☐ 借鉴夸张＋拟人的写法，仿写人的五官特点。	任务4 小裁判：读一读，比一比哪根手指最可爱。 | 排名 | 手指名称 | 性格特点 | |---|---|---| | | | | | | | | | | | |
任务7 代盲人：借用丰子恺的幽默写法，选择五官（嘴、鼻、眼、眉、耳）中的一个，写出它的长相、能力和性格等方面的特点。	任务6 发现者：读一读，品一品：哪些语句幽默得让你发笑？丰子恺是怎么写出来的？ 幽默的秘密 → □ □ □	任务5 众议员：议一议丰子恺的"手指观"。 （五根手指） （一个拳头） 姿态有＿＿＿ 团结一致 能力有＿＿＿ 态度无＿＿＿ 根根＿＿＿ 性格有＿＿＿ 根根＿＿＿

《手指》九宫学习单

九宫学习单将一张白纸平均分为九格，中间呈现学习目标，周围分列学习任务。每个任务的学习都有"三定"。一是定时间，用计时器限定该任务的学习时间，确保每个学生都拥有同样的整块学习时间。二是定步骤，每个学习任务分为读、议、写三个基本活动步骤，先要读熟，再要议透，最后要写清楚。用学习指令统一读、议、写的学习行为，确保每个步骤都能做到位。三是定成果，每个学习任务都以最后的写为结果呈现方式，要求学生将任务学习的收获用图画或文字表达出来，可以是画思维导图，可以是提炼思想观念，可以是仿写作品，可以是质疑批注等。这样画出来或写出来的作品，真实地记录了每一个学生的思维过程和思维发展水平，为学生的自我评价和教师的教学改进提供了证据。

九宫学习单是帮助每一个学生全程参与课堂教学的学习工具，实现了工具撬动的教学变革，避免了少数优秀学生的表现掩盖全体学生的学习真相，将课堂还给了每一个学生，将学习的主动权还给了每一个学生。只有每一个学生都学好了，课堂教学的效率与质量才有保证。

语文学习任务群的内涵解读与实践建构

《义务教育语文课程标准（2022年版）》以学习任务群来组织与呈现语文课程内容，旨在以少而精的结构化课程内容引领与推动高质量的语文教学，既促进国家"双减"政策的积极落地，又促进学生核心素养的主动发展。

一、语文学习任务群的内涵解读

新课标指出："语文学习任务群由相互关联的系列学习任务组成，共同指向学生的核心素养发展，具有情境性、实践性、综合性。"通俗地说，任务就是"做事"，语文学习任务就是用语文"做事"，学生是在用语文"做事"的过程中形成核心素养。核心素养导向的语文学习任务群，突破了以知识点、技能点为中心的线性结构，创造了以学生的语文实践为主线的块状结构，折射出全新的课程内容建构观，具体体现在以下三个方面。

1. 规定了"学什么"

学习任务群对"学什么"具有内在的规定性，突出了三大内容主题：中华优秀传统文化、革命文化、社会主义先进文化。新课标按照内容的整合程度，设为三个层面六个学习任务群：第一层为"语言文字积累与梳理"一个基础型学习任务群；第二层为"实用性阅读与交流""文学阅读与创意表达""思辨性阅读与表达"三个发展型学习任务群，从字词句向三类文本次第发展；第三层为"整本书阅读""跨学科学习"两个拓展型学习任务群，从篇到本、从单学科到多学科进行拓展。学习任务群依托学习主题，统整情境、目标、内容、方法和资源等要素，形成了一张具有内在逻辑关联的语文实践活动清单。

2. 指明了"怎么学"

学习任务群对"怎么学"具有内在的指向性。布鲁纳的发现学习理论表明，结构化课程与发现式学习是一体两面，结构化课程一定要用发现式学习，发现式学习一定对应结构化课程。对多而碎的要素式课程内容，采取训练式、接受性学习效率可能更高。结构化的语文学习任务群倒逼学习方式的变革，学生必须采用探究性、发现式学习方式，必须经历阅读与鉴赏、表达与交流、梳理与探究等实践活动，就像学习科学课程必须做实验一样。余文森和龙安邦教授说得好："能力只有在需要能力的活动中才得以培养，素养只有在需要素养的活动中才得以形成。"（《论义务教育新课程标准的教育学意义》）

3. 设定了"学得怎么样"

学习任务群对"学得怎么样"具有内在的预设性。每个学习任务预设了多个学习活动，每个学习活动又预设了若干个活动步骤，每个活动步骤都预设了学生的规定动作。比如，在《落花生》一课的学习中，学生在探究借物说理的奥秘时要分三步走：一是边读边画出表示物、人、理三者之间关系的关键词；二是议一议父亲由物到物、由物到人、由人到理的说理过程，用"先……再……最后……"的句式概述；三是比一比，找到物的特点与人的品格之间的相似性，总结归纳父亲借物说理的类比法。教师从学生每一步的行为表现中可以观测到学生的学习水平。据此可以评价学生"学得怎么样"，让核心素养看得见。

二、语文学习任务群的单元建构

语文学习任务群以学习单元进行整体建构。与统编教材"双线组元"的设计思路不同，学习单元采取素养导向与任务驱动的"教人做事"的设计理念，对教材单元进行情境化的任务改造，围绕特定学习主题，设计具有内在逻辑关联的系列学习任务，从"书中学"转向"做中学"，从"教人做题"转向"教人做事"。下面以思辨性阅读与表达任务群中说理文单元的整体建构为例，讲一讲单元构建应重点把握哪几个方面。

1. 确定学习主题

从"做事"的角度来说，学习主题就是学生在真实情境中所要完成的"大任务"。这里的"大"，不是指"多"，也不是指"难"，而是指"核心"。"大任务"是具有统整性与复杂性的核心任务。确定以"大任务"为特征的学习主题要遵循三个逻辑：一是生活逻辑，是学生愿意学习的；二是学科逻辑，是学生必须学习的；三是学习逻辑，是学生能够学会的。

三年级下册第二单元的学习内容是寓言。寓言是文学作品，但需要学生进行思辨性阅读。我们依据文体思维，参照思辨性阅读与表达任务群的学习内容和教学提示，创设了劝傻人莫做傻事的生活化情境，确定了"用故事讲道理"的学习主题。一是从生活角度来看，用故事讲道理是一种道德生活。将"用故事讲道理"作为学习主题，学生既可以用故事来规劝傻人莫做傻事，又可以傻人傻事为镜获得一种生活智慧。二是从学科角度来看，小故事大道理是一种思辨性阅读。将"用故事讲道理"作为学习主题，学生可以从故事的可笑之处入手，思考傻在何处，追究傻的根源，进而由人及己，养成自我反思的习惯。三是从学习角度来看，从故事到道理是一种类比思维。将"用故事讲道理"作为学习主题，学生可以找到小故事与大道理之间的相似点，运用类比思维领会其中的道理，不仅锤炼形象思维，更考验逻辑思维。

2. 设计情境任务

学习单元的任务设计要遵循"教人做事"的实践逻辑，围绕学习主题创设真实的学习情境，在情境中设置具有挑战性的学习任务，以连贯的阶梯式任务推动学习的进程。情境的"真实"有三种：现实的真实，真人、真事、真场景；可能的真实，生活中有可能会发生；虚拟的真实，以角色代入，产生真实的体验。无论哪一种"真实"的情境，只要具备完整任务的六个要素，就能让学习真实地发生。完整的任务包括六个要素：一是目标，要做什么事；二是角色，以什么身份去做；三是对象，为谁做；四是时空，何时何地做；五是表现，怎样去做；六是结果，做成什么样。设计任务时要遵循这六个要素的关联性和一致性。重要的是，学习单元设计的是多个任务，必须紧扣学习主题，在"大任务"的统摄下进行系统设计，体现"做事"的连续性与层次性。

以三年级下册第二单元为例，"用故事讲道理"学习主题的关键词是"故事"和"道理"。紧扣"由事及理"，可以从不同的角度创设不同的情境任务：一是以"故事会：从古讲到今"作为情境任务，组织学生读寓言、讲寓言，让他们做一个会讲故事的人；二是以"众议院：从故事中学做人、学做事"作为情境任务，组织学生交流与分享从故事中读到的道理，让他们在碰撞中产生更多思想与智慧，学会做人做事；三是以"思过堂：从'镜子'里看自己"作为情境任务，让每个人都能在小故事中获得精神力量，在反思中得到成长。由此，紧扣"用故事讲道理"学习主题，围绕故事中的道理设计了三个前后连贯的情境任务，建构了学习主题统领下的学习单元。

3. 选择典型活动

学习任务中具有内在逻辑关联的语文实践活动，是连贯的、结构化的、完整的，可以让学生获得杜威所说的"一个经验"，即完整地经历从具体感知到抽象认知再到具体运用的感悟过程，形成语文课程要培育的核心素养。

其一，设计完整的实践经历。学生的实践活动有两种：一种是大脑的认识活动，被称为"思中学"；一种是肢体的实践活动，通过肢体或借助工具进行学习，被称为"做中学"。完整的实践是两种活动的交替式进行、螺旋式上升。我们据此将三年级下册第二单元的三个任务具体设计为画故事山与情节轴、办一场故事会、劝傻人莫做傻事、编班级傻事录等九个实践活动，形成了结构化的活动链（见下图）。

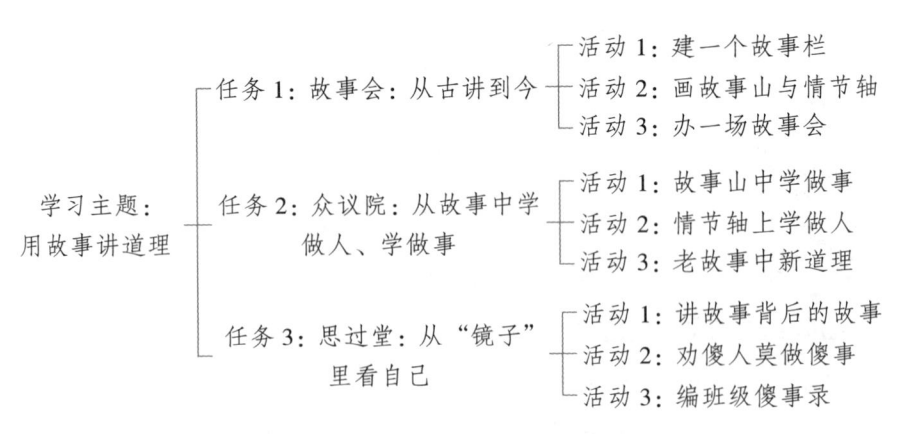

```
                           ┌─ 活动1：建一个故事栏
            ┌─ 任务1：故事会：从古讲到今 ─┼─ 活动2：画故事山与情节轴
            │                           └─ 活动3：办一场故事会
            │
学习主题：   │                           ┌─ 活动1：故事山中学做事
用故事讲道理 ┼─ 任务2：众议院：从故事中学 ─┼─ 活动2：情节轴上学做人
            │   做人、学做事             └─ 活动3：老故事中新道理
            │
            │                           ┌─ 活动1：讲故事背后的故事
            └─ 任务3：思过堂：从"镜子" ──┼─ 活动2：劝傻人莫做傻事
                里看自己                 └─ 活动3：编班级傻事录
```

"用故事讲道理"学习单元的整体建构

三个学习任务从"讲""议""用"三个层次去探究与实践小故事中的大道理。同一任务中的多项学习活动相互关联，逐层深化，从阅读到表

达，从讲述故事到理解道理，再到运用寓言，促使学生在充分的实践活动中提升思辨性阅读与表达的能力。

其二，设计典型的学科活动。语文学科典型的学习方式有三种：阅读与鉴赏、表达与交流、梳理与探究。任务学习就是让学生在真实的情境中，综合运用三种语文学习方式去解决复杂而不确定的挑战性问题。比如，《陶罐和铁罐》一课中"情节轴上的道理"学习活动，包含了这样三个连贯的实践活动：①阅读与鉴赏，分角色朗读陶罐和铁罐的对话，读出陶罐的谦虚和铁罐的傲慢，并从文中寻找相应的证据。②梳理与探究，借助情节轴上的关键词，对陶罐和铁罐进行三次比较——一比谁更"硬"，二比谁更"久"，三比谁的态度"对"，从中把握陶罐和铁罐的不同特点。③表达与交流，以铁罐的角色反思过错，从对人与对己两个角度，用"要……不要……"或"既要……也要……"的句式进行概括。我们用这三个典型的语文实践活动，实现了用语文的方式学语文。

三、单元整体教学的关系把握

语文学习任务群采取立足核心素养的单元整体教学，整合目标、情境、任务、活动与评价等诸多要素，突出内容重组与流程再造，形成了新的单元教学结构，实现了整体教学的综合效应。从常态教学转向任务驱动的单元整体教学，需要把握好以下三种关系。

1. 单篇教学与单元整体教学的关系

课文总要一篇一篇地教，一课一课地学，关键是怎么教、怎么学才更有效。孤立地教，单独地学，就难免碎片化；整体地教，系统地学，就有可能实现结构化的深度学习。陆志平先生这样概括单篇教学与单元整体教学的关系：一是从单篇到单元，发掘单篇的教学价值与单元的教学价值之间的内在关系，从有利于学生核心素养发展的角度提炼学习主题，进行单元整体设计；二是从单元看单篇，将单篇教学置于单元情境任务之中，学生在解决具体问题的过程中，梳理与探究一篇一篇课文中的思想感情、价值观念、知识和方法，学得更主动、更聚焦、更透彻。在单元整体教学中，单篇课文被赋予更为鲜明而丰富的教学价值。比如，三年级上册第一单元中，《大青树下的小学》写的是祖国边疆的学校，《花的学校》写的是想象中的学校，《不懂就要问》写的是中国的旧式学校。我们以"介绍不一样的学校"为学习主题，让学生借助三篇课文中新鲜的词句，发现每一所学校的"不一样"：不一样的环境、不一样的同学、不一样的学校生活……然后用上新鲜的词句，向边疆学校的同学介绍自己学校的"不一样"，将单篇课文与生活情境连接起来。单元整体教学设计可以让单篇课文在教学中实现增值。

2.语文要素与核心素养的关系

语文要素是指与学习语文有关的知识、方法、技能和习惯等，核心是语文知识。单元整体教学是核心素养导向的任务化教学，本质上是将知识转化为素养的过程，关键是什么样的知识才能转化为核心素养。实践表明，学科观念是一门学科知识体系中最具解释力、统整力和渗透力的核心知识，内含学科思想、学科方法、学科思维等。语文要素包括130多个知识点，过多过碎，对它们的教学往往变成知识点的逐个讲解、技能点的逐项训练，难以形成核心素养。因此，需要进行上位的有效统整，将它们凝练为语文学科观念。学生在单元任务学习中，运用学科观念来"做事"，才能实现学习行为的改变。行为改变，习惯就会改变，而习惯改变就是核心素养积淀与形成的标志。比如，五年级下册第六单元的语文要素是"了解人物的思维过程"，我们从问题解决的角度，将它凝练成这样一个学科观念——像聪明人那样思考问题。这样的学科观念能让学生在梳理与探究中，发现《自相矛盾》中旁观者的批判性思维、《田忌赛马》中孙膑的创造性思维和《跳水》中船长的急中生智。学生运用聪明人的思维方式与心智模式解决真实生活中的复杂问题，就可实现自身的改变。

3.学习质量与逆向设计的关系

常态的教学设计，先设定目标，再设计活动，最后进行评价，检测学习质量。评价就像放马后炮，学生只能进行补偿性学习，会加重负担。单元整体教学则坚持以终为始的理念，进行逆向设计：先设定单元目标，再对照目标设定评价要求，最后根据评价要求设计学习活动，并在学习活动中预设典型的学习表现与成果作品，以此作为评价学生是否学会、事情是否做成的实证依据。比如，学习三年级下册第二单元时，我们根据学习目标设定了六条具体的评价要求：①画出故事山与情节轴，有序讲述故事；②从故事中人物的想法与做法中推断错误产生的原因，并准确表述出来；③从正反两个方面，用关联词概括道理；④针对傻人做傻事的错误，选择恰当的故事进行劝解；⑤记录生活中的傻事，将其写成小故事；⑥编一本班级傻事录。这样的评价要求可操作，可观测，可评价。评价前置的逆向设计，让学习质量在教学过程中得到落实与体现。

语文学习任务群的教学解读与实践要义

《义务教育语文课程标准（2022年版）》提出了"语文学习任务群"，这是一个让大家既感到新鲜又难以把握的概念。新课标对"学习任务群"的概念尚未做出明确的界定，但是对学习任务群的建构指明了实践的方向。我们不妨从教学实践的视角，对学习任务群进行梳理与解读，为教学一线探寻一条既可理解又能操作的实践路径。

一、语文学习任务群的教学解读

新课标对"语文学习任务群"做了以下表述："义务教育语文课程内容主要以学习任务群组织与呈现。设计语文学习任务，要围绕特定学习主题，确定具有内在逻辑关联的语文实践活动。语文学习任务群由相互关联的系列学习任务组成，共同指向学生的核心素养发展，具有情境性、实践性、综合性。"这几句话对语文学习任务群的功能、定位和特征做了概括性描述，具体包含三层意思。

1. 学习任务群是形成核心素养的内容载体

语文学习任务群的功能定位，可以用一句话来概括：用语文来"做事"，在成事中成人。任务就是"做事"，语文学习任务就是用语文来"做事"，在学会"做事"的过程中学会做人。俗话说，巧妇难为无米之炊。核心素养的培养必须有所凭借。新课标指出，语文课程培养的核心素养，是学生在积极的语文实践活动中积累、建构并在真实的语言运用情境中表现出来的，是文化自信、语言运用、思维能力和审美创造的综合体现。语文学习任务就是有内在逻辑关联的语文实践活动，就是核心素养形成与发展的内容载体。

深入地看，用语文"做事"，用的是语文知识。知识具有三层结构。第一层是概念层面，回答"知识是什么"的问题。第二层是逻辑层面，回答"知识是怎么来的"的问题，揭示知识产生的路径、方法、过程等，表现为学科思想、学科方法、学科思维等，具有智能生长的意义。第三层是价值层面，回答"知识有什么用"的问题。可见，知识内含着人的素养形成所必需的基本要素和养分。就像饭里有人生长所必需的营养，所以人吃了饭就能长身体。同样的道理，学生用语文知识来"做事"，就能将语文知识转化为核心素养。如果学生只用语文知识来考试，那么就停留在"知识是什么"的理解与记忆层面，在知识的圈子里打转，知识还是知识。如果学生用语文知识来"做事"，就能进入"知识是怎么来的"与"知识有什么用"的探究与运用层面，在问题解决中创造性运用知识，甚至创造属于自己的个体知识与精神世界，实现知识向素养的转化。

2. 学习任务群是语文课程内容的组织方式

《义务教育语文课程标准（2011年版）》中的课程内容，呈现为五个领域——识字与写字、阅读、写作（写话与习作）、口语交际和综合性学习，是按照听、说、读、写、用五个语言文字的运用方式来建构的，每个领域各成系统。统编教材则按照五个领域的课程内容，采用人文主题与语文要素"双线组元"的方式编排单元，130多个语文要素是课程内容的具体化，改变了以往教学内容的不确定性。新课标则在此基础上，遵循"少而精""做中学"的原则，进行了结构化的整体建构。

一是突出三大内容主题：中华优秀传统文化、革命文化、社会主义先进文化。三大文化主题的作品占60%—70%，外国优秀文化作品与反映科技进步和日常生活等作品占30%—40%。

二是设置三个层次六大任务群：第一层，基础型学习任务群（一个），即"语言文字积累与梳理"；第二层，发展型学习任务群（三个），即"实用性阅读与交流""文学阅读与创意表达""思辨性阅读与表达"；第三层，拓展型学习任务群（两个），即"整本书阅读"与"跨学科学习"。

由此可见，学习任务群是课程内容的组织与呈现方式，其类型和层次是按照内容的载体形式与整合程度来设置的。从内容的载体形式来看，有语言文字，包括字、词、句等；有语言作品，包括实用性作品、文学作品、思辨性作品等；还有文物、旧址、媒介、活动等。据此可以建构不同类型的任务群。从内容的整合程度来看，从语句到语篇，从语篇到整本书，从单学科到多学科，据此可以建构不同层次的任务群。俗话说，饭要一口一口地吃。结构化的学习任务群正是按照用语文"做事"的实践逻辑来建构的，由浅入深，由易到难，从简单到复杂。

3. 学习任务群是学生必须经历的学习规定

学习任务群是结构化的课程内容，增强了学科知识之间、学科之间、学科与生活之间、学生与生活之间的多重联系，具有情境性、实践性与综合性。布鲁纳的发现学习理论表明，结构化课程与发现式学习是一体两面。对多而碎的要素式课程内容，采取训练式、接受性学习实际效率可能更高，探究性学习自然就被束之高阁。学习任务群倒逼学习方式的变革，学生必须采用探究性、发现式学习，才能在任务完成过程中获得原理性知识与关键能力。从这个意义上看，学习任务群对学习方式的转变具有内在的规定性。

新课标设置六个学习任务群，从它们的学习内容和教学提示中，可以发现它们具有相同的"做事"结构：每个任务群可以分设不同的学习主题，围绕学习主题设计系列学习任务；每个学习任务设置多个学习活动；每个学习活动具体化为若干个活动步骤（见下图）。从学习主题到学习任务、学习活动、活动步骤，具有内在的逻辑一致性，规定了学生必须经历的"做事"过程。余文森和龙安邦教授说得好："能力只有在需要能力的活动中才得以培养，素养只有在需要素养的活动中才得以形成。"学生必须经历这样完整的实践活动过程，才能在做成事的过程中发展核心素养。直白地说，就是学习任务群这样的"饭"，必须这样"吃"，才能消化，才能吸收其中的营养，才能长身体，否则就是囫囵吞枣。从这个意义上看，学习任务群实际上规划了一幅学生必须经历的学习路线图。

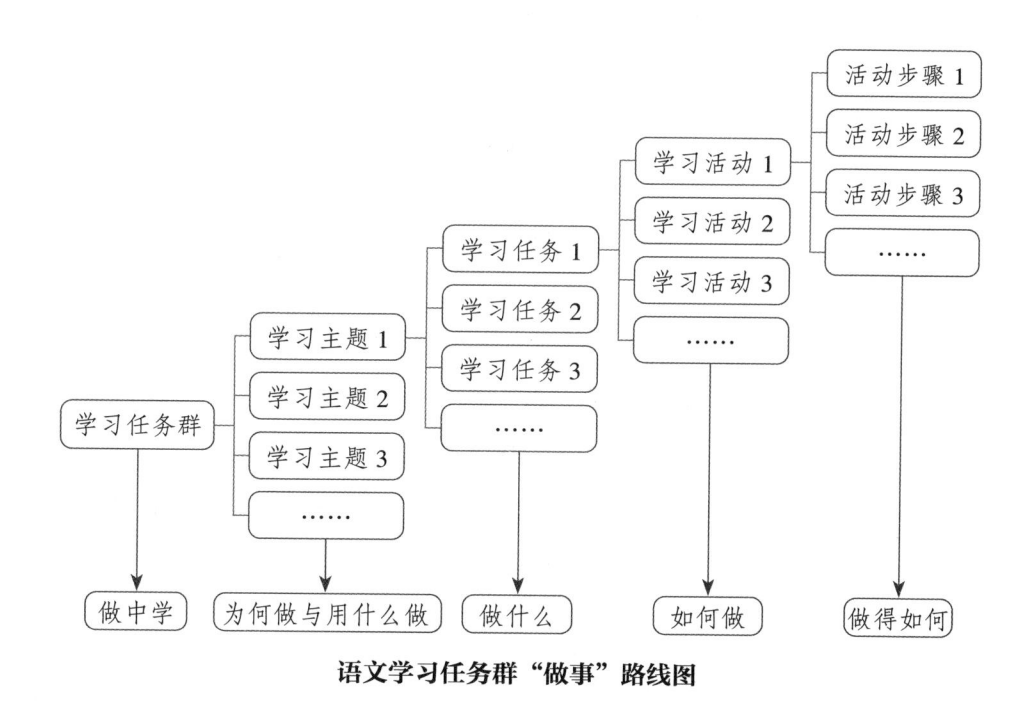

语文学习任务群"做事"路线图

二、语文学习任务群的实践要义

新课标对语文学习任务群的实施提出了富有针对性的教学建议："明

确学习任务群的定位和功能，准确理解每个学习任务群的学习内容和教学提示。在此基础上，综合考虑教材内容和学生情况，设计不同类型的学习任务，依托学习任务整合学习情境、学习内容、学习方法和学习资源，安排连贯的语文实践活动。"这段话意味着学习任务群的设计与实践要遵循学科逻辑、学习逻辑和生活逻辑相统一的原则，回答关于"做事"的五个根本问题：为何做？用什么做？做什么？如何做？做得如何？

1. 主题性统整：为何做与用什么做

学习任务群中的学习主题，不同于统编教材"双线组元"中的人文主题，是特定人文话题中用以解决真实问题的学科观念，具体包括三层含义。

其一，特定的内容主题。它是中华优秀传统文化、革命文化、社会主义先进文化以及外国优秀文化、科技进步、日常生活等文化主题中的一个话题，比如"爱与责任""社会公德大家谈""家乡文化探究"等，与学生的生活相连。

其二，真实的情境问题。它是学生在特定话题中需要解决的真实问题。这里的真实有三种：一是现实的真实。这是真人、真事、真场景，产生问题解决的实际需要。二是可能的真实。这虽然是别人的事，但自己极有可能会遇到，产生真实的换位体验。比如，小明成绩不理想，却想参选班干部，因此被同学笑话。这样的尴尬事，每个人可能都会遇到，该如何用话语来化解尴尬呢？三是虚拟的真实。这明明是假的，却往往让人有身临其境之感，甚至比真的还要真。比如，学生代入并扮演课文中的某个角色，就会直面角色需要解决的问题。

其三，统整的学科观念。它是学生用来解决真实问题的学科知识。有专家认为，学科观念是一门学科知识体系中最具解释力、统整力和渗透力的核心知识，内含学科思想、学科方法、学科思维等。语文学科观念是语文要素的上位统整和实践指南，可以表述为解决真实问题的一个"金句"。比如，《自相矛盾》《田忌赛马》《跳水》组成的单元，以"了解人物的思维过程"为语文要素，我们从问题解决的角度，将其凝练成这样一个学科观念——像聪明人那样思考问题。这样的学科观念能让学生在梳理与探究中，发现旁观者、孙膑和船长等聪明人的思维方式与思维方法，从而实现自身的改变。

只有文化主题而无特定话题、过于宽泛的学习，往往会跑题；只有特定话题而无真实问题、脱离实践的学习，常常异化为做题；只有情境问题而无学科观念的就事论事的学习，难以改变学生原有的心智模式。学习主题以学科观念将文化主题中的特定话题与真实的情境问题加以统整，并凝聚成一个极具张力的学习生长点，解决了为何做与用什么做的问题。

2. 关联性任务：做什么

学习任务群是以任务来驱动学习的，必须设计具有挑战性的情境任务。既要关注任务内在要素的关联性，又要关注系列任务之间的层次性。以此增强学生学习的主动性、积极性与创造性，让学生真正成为学习的主体。

其一，任务内在要素的关联性。完整的任务包括六个要素：一是目标，要做什么事；二是角色，以什么身份去做这件事；三是对象，为谁做这件事；四是时空，何时何地做这件事；五是表现，怎样去做这件事；六是结果，这件事做成什么样。这六个要素是一个整体，具有内在的逻辑关联，在任务设计中需要遵循它们之间的关联性和一致性。比如，在《西门豹治邺》一课中，我们将"简要复述课文"这个语文要素凝练成具有普适性的"用事实说话"这个学科观念，设计了这样一个充满挑战性的学习任务：西门豹调查民情后，要给魏王写一封奏折汇报情况，要求不超过50个字（不含标点）。如果你是西门豹，该怎么写？一名学生在虚拟的情境中，以西门豹的角色给魏王写了封奏折："禀大王，邺县既有天灾又有人祸。年年干旱不说，还有巫婆和官绅勾结，以河伯娶媳妇为借口骗钱害人，逼得百姓四处逃亡。"这封奏折言简意赅，妥帖得体，体现了运用语言文字进行有效交际的能力。

其二，系列任务之间的层次性。围绕学习主题设计的系列学习任务，如果缺少内在的逻辑关联，就会变成任务拼盘，而不是任务群。学习任务群的设计，就是要以真实的问题解决为主线，整合学习情境、学习内容、学习方法与学习资源。按照"做事"的实践逻辑，确定要做哪些具有挑战性的"大事"，体现"做事"的连续性与层次性。比如，在《西门豹治邺》一课中，我们在写奏折的学习任务基础上，设计了两个连续的、具有挑战性的情境任务。一是劝邻居回来。西门豹惩治了巫婆和官绅头子，破除了迷信，老百姓奔走相告。如果你是在场的一个村民，请用西门豹的三个"借口"，把逃到外地的邻居劝回来。二是动员百姓开凿水渠。兴修水利持续了很长时间，当地的百姓厌烦劳累，不大愿意继续干下去。如果你是西门豹，会怎么激励老百姓呢？请你写篇百字演讲稿，用最少的话激励更多的人。三个情境任务都是交际性任务，都要用事实说话，但是难度不一样，它们是有层次的。第一个，写奏折，提炼文中关键信息就能完成。第二个，劝邻居，需要写清西门豹的三次惩罚，阐明利害关系，才能说服别人，具有一定的难度。第三个，演讲，需要学生凭借课外资料提取观点和事实，还需推敲话语的现场感染力，难度再上一个台阶。这样的"登山式"系列任务，能够持续推动学生进行深度学习。

3. 典型性活动：如何做

学习任务的设计要体现语文学科的特质，做语文的事，且用语文的方式"做事"。学生在问题解决过程中，必须经历具有语文学科特质的实践活动，才能形成语文课程要培育的核心素养。在"如何做"这个关键问题上，要突出以下两点。

其一，让学生亲身经历学科实践。学生的实践活动有两种。一种是大脑的认识活动，以听讲、理解、记忆、作业、练习等为主要活动形式，被称为"颈上学习"，也被称为"座中学"。一种是肢体的实践活动，通过肢体或借助工具进行学习，以观察、实验、设计、观赏、创作等为主要活动形式，被称为"具身学习"，也被称为"做中学"。"座中学"与"做中学"，对学生的能力发展和品格形成会产生截然不同的影响。"做中学"体现了语文课程的实践性，学生亲历语文学科特有的实践活动，获得的是可迁移的专家思维，而不是会遗忘的专家结论。

其二，为学生设计典型的学科活动。语文学科典型的学习方式有三种：阅读与鉴赏、梳理与探究、表达与交流。学习任务群视域下的语文学习活动，就是在真实的情境中，综合运用三种学习方式去解决复杂而不确定的挑战性问题。比如，在《落花生》一课中，我们以"在情境中借物说理"为学科观念，设计了一个"借梅育人"的学习任务，并将其具体化为三个连贯的语文学习活动。一是阅读与鉴赏，聚焦父亲的三段话，即"花生的好处很多……它的果实埋在地里，不像桃子、石榴、苹果那样……""所以你们要像花生……""人要做有用的人，不要做……"，通过阅读、讨论、归纳，读出父亲所讲的人生道理。二是梳理与探究，获得父亲借物说理的专家思维。聚焦三段话中的关键词，从中发现父亲借物说理的类比思维：先用"……不像……"将物与物比，突出花生的可贵之处；再用"……要像……"将人与物比，点出做人的品格；最后用"人要做……不要做……"从正反两个方面道出做人的道理。三是表达与交流，设计情境任务：冬天，父亲带着孩子们在公园里赏梅，想借梅花教育孩子们要坚强，他该怎么说？这个任务考验学生运用专家思维来借梅花说道理的表达能力。这三个典型的语文实践活动，实现了用语文的方式学语文。

4. 表现性步骤：做得如何

学习活动要充分展开，就需要设置可操作的活动步骤。对每个活动步骤中的学习行为，应提出具体的行为要求或行为指令，比如读一读、画一画、议一议等，让学生把事一步一步做扎实，完整而充分地经历学习活动的过程。

其一，关键动作做到位。活动步骤中的关键动作，决定问题解决的效率与质量，必须做到位，不能含糊，更不能省略。就像立定跳远，包含下蹲、摆臂、起跳，其中摆臂的幅度、力度与身体的协调性是关键，必须严格训练到位。这样才能锤炼身体机能，跳出最好的成绩。语文实践活动要像上体育课一样精心组织，力求学生将每一个活动步骤中的关键动作都做到位。比如，在《落花生》一课的学习中，探究父亲借物说理的奥秘，学生需要经历三个步骤：一是边读边画出表示物、人、理三者之间关系的关键词；二是议一议父亲由物到物、由物到人、由人到理的说理过程，用"先……再……最后……"的句式概述；三是比一比，找到物的特点与人的品格之间的相似性，总结归纳父亲借物说理的类比法。画一画、议一议、比一比，每一步都不可或缺，唯有经历这样完整的活动步骤，才能发现语言运用的方法与规律。

其二，思维盲区看得见。活动的质量取决于思维的质量，活动步骤中的动作看得见，而活动步骤中的思维却看不见，"学生是怎么思考问题的"成了一个盲区。我们需要借助学习工具，通过思维导图、动作演示等方式展现学生的思维过程，帮助学生打通思维中的那堵墙。比如，《田忌赛马》一文中孙膑的思维过程，学生怎么说都难以说清楚、说透彻。我们不妨借助四顶思维帽，清晰地还原人物的思维过程，让学生学会像孙膑那样思考问题、解决问题：先用"白帽子"，找田忌连输三场的原因，用"之所以……是因为……"来阐明；再用"黄帽子"，找田忌的马的优势，用"虽然……但是……"来表述；然后用"绿帽子"，找田忌赢得比赛的办法，用"如果……就……"来假设；最后，超越孙膑，用"黑帽子"找孙膑的办法的漏洞，用"假如……那么……"进行批判性思考，找出调换马的出场顺序也会输的种种可能。这样亲历思维的过程，学生才能获得专家思维，发展核心素养。

其三，作品或表现有标准。在设置活动步骤时，要特别设计学生学习结果的呈现形式和评估标准，多采用书面表达或实物制作的形式，以具体、可视的作品或表现来评估学生的学习成效。可以设计一张学习任务单，留给学生足够的书面表达时间，让学生将学习的所思、所感、所得写下来，从而学有留痕，评有证据。

再好的活动步骤，也需要科学而又艺术化的课堂管理来落实。因此，要从学习心理学和群体管理学的视角，对学习活动和活动步骤进行细化与优化，力求让每一个活动都有实效、每一个学生都有进步。

理性思维：做负责任的表达者
——思辨性阅读与表达任务群的内涵解读

一、思辨性阅读与表达任务群的发展脉络

思辨性阅读与表达任务群和思维能力这个语文核心素养相对应，凸显思辨特性，指向理性思维主导下的阅读与表达，旨在培养有见识的阅读者与负责任的表达者。人的思维发展一般会经历三个阶段：一是以感知为基础的直觉思维阶段；二是以表象为中介的形象思维阶段；三是以概念为核心的抽象思维，即逻辑思维阶段。建立在直觉思维、形象思维基础上的思维方式，被称为"感性思维"，建立在抽象逻辑思维基础上的思维方式，被称为"理性思维"。传统语文教育偏重直觉思维与形象思维，缺乏抽象逻辑思维。哲学家黎鸣先生曾说，逻辑是中国传统文化"琴声"中最弱的一根"弦"。思辨性阅读与表达这一课程内容直接指向思维本身，尤其是将以思辨为特性的理性思维作为内容主题，是语文课程设计的历史性突破。"思维"这个课程内容在现代语文课程史中经历了三个转向。

1. 从"统"到"分"：从思考到思维到思辨

理性思维作为课程内容，经历了从模糊到清晰、从统合到分立的认识过程。最初，我们将思维模糊地表述为"思考"或"理解"。随着人们对知识与智力、能力关系认识的逐渐清晰，"发展思维能力"作为一个独立的语文教学任务，进入课程视野，但常常偏重于形象思维。进入 21 世纪

后，教育倡导培养学生的创新精神和实践能力，特别关注学生的好奇心、求知欲、问题意识和进取精神，发展思维能力的重心，逐渐从形象思维转向抽象思维。《义务教育语文课程标准（2011年版）》提出："提倡多角度、有创意的阅读，利用阅读期待、阅读反思和批判等环节，拓展思维空间，提高阅读质量。"思辨性阅读与表达，已经作为语文课程的一项实践要求，从思维能力这个整体概念中分离出来，体现了无可替代的育人价值和课程价值。

2. 自"上"到"下"：从理念到目标到内容

理性思维作为课程内容，经历了从上位观念、目标到下位任务、内容的转化过程。"发展思维"一直作为课程的一种基本理念，历年来被写入语文课程标准（教学大纲）中。要让课程理念落地，就要将其转化为课程目标。2001年教育部颁布的《全日制义务教育语文课程标准（实验稿）》将"发展思维"的课程理念转化为课程目标，提出："在发展语言能力的同时，发展思维能力，激发想象力和创造潜能。逐步养成实事求是、崇尚真知的科学态度，初步掌握科学的思想方法。"这具体界定了"发展思维能力"这个课程目标的丰富内涵。《义务教育语文课程标准（2011年版）》在"学段目标与内容"部分，从综合性学习的角度提出："对自己身边的、大家共同关注的问题，或电视、电影中的故事和形象，组织讨论、专题演讲，学习辨别是非、善恶、美丑。"这将"发展思维能力"的课程目标转化为课程任务，使其成为可以教、可以学的课程内容。

3. 由"线"到"块"：从论说文到辩论题到任务群

作为课程内容，理性思维的内容载体与呈现方式，经历了从以课文为主线到以多种资源为主体的方式的转化。1963年《全日制小学语文教学大纲（草案）》在小学高年级设置了论说文的读写要求，呈现了一条清晰的"文体线"。2001年教育部颁布的《全日制义务教育语文课程标准（实验稿）》在综合性学习中设置了辩论题，将单一的论说文读写拓展为综合的主题式活动，呈现了立体的块状结构，拓宽了理性思维的发展空间。《义务教育语文课程标准（2022年版）》则以任务群的方式呈现课程内容，将读、写、议的对象由论说文、说理文、辩论题拓展为实用性作品、文学作品、思辨性作品以及自然中、生活中的现象与事例，涵盖所有文体，且贯穿各个学段，将思辨性阅读与表达根植于学生的语文生活中。

二、思辨性阅读与表达任务群的目标定位

1. 对接关于"逻辑思维"的课程目标

思辨性阅读与表达任务群关键词是"思辨"，注重理性的逻辑思维与辩证思维，指向语文核心素养中的思维能力，对接新课标中语文课程总目标第7条（关于"逻辑思维"）："乐于探索，勤于思考，初步掌握比较、分析、概括、推理等思维方法，辩证地思考问题，有理有据、负责任地表达自己的观点，养成实事求是、崇尚真知的态度。"我们可以发现，这个课程目标，是从方法、能力、习惯、精神四个方面设计的：一是思维方法，包括比较、分析、概括、推理等；二是思辨能力，包括辩证思考和有理有据地表达自己的观点等；三是思考习惯，包括乐于探索、勤于思考等；四是理性精神，包括实事求是、崇尚真知等。这个课程目标是思辨性阅读与表达任务群的上位目标与内容取向，也是定位本任务群学习目标的参照。

2. 目标的设计维度与要义

新课标中思辨性阅读与表达任务群的目标表述为:"旨在引导学生在语文实践活动中,通过阅读、比较、推断、质疑、讨论等方式,梳理观点、事实与材料及其关系;辨析态度与立场,辨别是非、善恶、美丑,保持好奇心和求知欲,养成勤学好问的习惯;负责任、有中心、有条理、重证据地表达,培养理性思维和理性精神。"我们可以发现,这个任务群的目标,是从阅读、探究、表达三个活动角度,对照关于"逻辑思维"的课程目标中的方法、能力、习惯、精神四个方面整体设计的。

(1)掌握科学的思维方法。从语文经验出发,在探究活动中梳理出理性思维方法,既包括分析与比较、归纳与推理等逻辑思维方法,又包括辩证思维、批判性思维、创造性思维等思维方法。运用理性思维方法学习,注重把握事物之间的因果关系,进行合乎逻辑的思考和讨论。

(2)提升思辨性读写能力。在阅读与表达中锤炼思维品质,并以高品质思维促进阅读与表达能力的进阶。在阅读中通过猜想、验证、推断、质疑、批判等方式区分观点与事实,以正确的价值观辨析立场与态度,明辨是非、善恶与美丑,提高思辨性阅读能力。在观察中发现事物的异同,在反思中提升自己的认知,有证据、有逻辑、有条理、负责任地表达自己的观点和见解,提升思辨性表达能力。

(3)养成勤学好问的习惯。面对身边的自然现象、社会现象和语言现象,勤于观察,敢于质疑,善于反思,探究其中的道理与规律,养成勤学好问的习惯。

(4)培养实证的理性精神。能以实事求是的态度对待身边的人和事,辩证地思考生活中的现象和事件,不人云亦云;能用平等的视角、批判的眼光合乎逻辑地分析他人的言论,不盲目相信,崇尚真知,讲求实证,明辨是非,提升理性思维水平和理性精神。

"思维能力"是一个整体,思辨性阅读与表达任务群的目标设定侧重于理性思维与理性精神，文学阅读与创意表达任务群的目标设定侧重于直觉体验与形象思维。两者在阅读、表达与探究等语文实践活动中相互关联、彼此渗透，构成完整的"思维能力"。在思辨性阅读与表达任务群中，对人、事、景、物、理的感悟与解读，离不开直觉体验与形象思维，更需要逻辑思维与批判性思维的介入，如此才能促进阅读与表达活动由浅入深、由表及里、由此及彼，使学生获得思维能力的整体发展与有效提升。更重要的是，只有形象思维与逻辑思维协调发展，才能持续发挥思维能力在语文实践活动中的"光合作用"，提升学生语言运用、审美创造和文化自信方面的素养。

3.学段目标的衔接与递进

合理的目标设定需要遵循学段特点，思辨性阅读与表达任务群在学段目标的设定上既体现了递进性，又注重衔接性。我们可以从阅读与表达两个方面来考察"逻辑思维"在学段目标上的层次感。

一是在思辨性阅读方面，围绕事物、事实与观点的辨别，第一学段重在"观察相似事物的异同点"，旨在让学生在多看多问中磨炼观察力和辨别力；第二学段重在"知道事实与观点的不同"，旨在让学生通过多个例子积累理性思辨的经验与方法；第三学段重在"分析证据和观点之间的联系"，旨在让学生辨别与把握总分、并列和因果等逻辑关系，学会逻辑思维。

二是在思辨性表达方面，围绕看法、观点的表达，第一学段提出了"自由表达、充分表达"，旨在保护学生的好奇心、自信心，鼓励学生敢说话、说真话；第二学段提出了"有证据地表达观点"，旨在让学生学习和积累有理有据、负责任地表达的方法与经验；第三学段提出了"有条理地表达自己的观点""鼓励学生对文本进行评价"，旨在锤炼学生的理性表达能力，让学生学习批判性思维。

三、思辨性阅读与表达任务群的内容选择

思辨性阅读与表达任务群的学习内容有两类：一是思辨性阅读；二是思辨性表达，包括书面表达与口头表达。思辨性阅读的学习内容以故事类文本为主，重点在于思考其中的道理、学习其中的思维方法。思辨性表达的学习内容以生活和学习中的问题为主，重点在于学习分析现象、讨论问题、有理有据地口头或书面表达自己的观点。

1. 文本类型

思辨性阅读的学习内容主要包括三类文本：一是科普类文章，包括介绍日常事物、自然现象、语言现象等内容的文章，重在区分现象与真相；二是说理类故事，包括中华智慧故事、科学故事、哲人故事、寓言故事、成语故事等，重在学习道理与思维方法；三是评论类短文，包括关于社会公德、传统美德等的短论、简评，也包括简单的论说文，重在梳理观点与事实，学习明辨是非与实事求是的评论方法。

2. 主题与任务

思辨性阅读与表达任务群包含若干个学习主题，每个学习主题整合学习情境、学习内容、学习方法、学习资源等要素，形成一张结构化的"做事"清单，将文本阅读和自主探究结合起来，为学生提供广阔的思考、表达和交流空间。根据学生思维发展的特点，思辨性阅读与表达任务群在不同学段设置了不同的学习主题。

第一学段包括"生活真奇妙""我的小问号"等学习主题。"真奇妙""小问号"体现了学习任务的真实性与趣味性。主要学习任务包括：阅读，发现身边常见事物的奇妙之处，提出与讨论生活和学习中的真实问题，分

享自己的想法与办法等。

第二学段包括"大自然的奥秘""生活中的智慧""我的奇思妙想"等学习主题。"奥秘""智慧""奇思妙想"体现了学习任务的探究性与创造性。主要学习任务包括：阅读，发现大自然的奥秘与故事中的智慧，思考与提出解决生活问题的奇思妙想，借助思维导图表达自己的观点和思考等。

第三学段包括"社会公德大家谈""奇妙的祖国语言""科学之光""东方智慧"等学习主题。"大家谈""奇妙""智慧"等体现了学习任务的思辨性与挑战性。主要学习任务包括：阅读，思考汉语表达的特点与效果，思辨故事中的科学道理与人生哲理，辨析短论、简评中的事实与观点，针对生活中的现象有理有据地表达自己的观点。

三个学段的学习任务在学习主题上具有关联性，呈螺旋式上升。比如，"生活真奇妙""大自然的奥秘""奇妙的祖国语言"等学习主题，关注的对象从日常事物到自然现象，进而到语言现象，任务范围逐渐扩大。"我的小问号""我的奇思妙想""社会公德大家谈"等学习主题，从提出问题到解决问题，进而到思辨问题，任务难度越来越高。"生活中的智慧""科学之光""东方智慧"等学习主题，故事中的思想与道理越来越深，学习任务越来越有挑战性。

三个学段的学习任务在主题设置上具有开放性和多种可能性。比如，第三学段的"社会公德大家谈"，可以选择"中华美德大家谈""节日风俗大家谈"等学习主题。更重要的是，在不同的学段或不同的情境中，可以选择更具针对性、更具可操作性的学习主题。比如，"中华美德大家谈"这个学习主题比较宽泛，可以选择"勤劳"这个美德作为学习主题，并设计若干个具体学习任务，每个具体学习任务下再设计若干个学习活动（见下页图）。如此，学习会更聚焦，更深入。

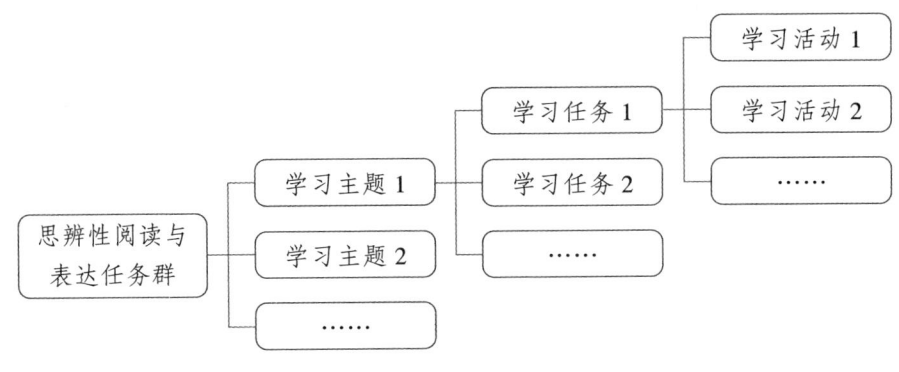

思辨性阅读与表达任务群结构图

四、思辨性阅读与表达任务群的活动组织

学习任务是通过若干个学习活动完成的。设计与组织学习活动，要从学生的学习需要出发，根据学习任务选择适宜的活动形式与组织方式，整合学习资源、学习策略与学习工具等支持要素，让学生充分经历思辨性阅读与表达的实践过程，在完成学习任务的过程中促进语文核心素养的整体提升。

1. 活动要求

思辨性阅读与表达任务群应"设计阅读、讨论、探究、演讲、写作等多种学习活动，引导学生学习发现、思考、探究问题的思路和方法"。学习活动可以归纳为三类：一是阅读活动；二是探究活动；三是表达活动，包括讨论、演讲、写作等。思辨性阅读与表达活动的设计和组织，要符合以下三个要求。

一要突出思辨性。注重活动的理性思维含量，体现"三导"：一是以问题导入，设计具有趣味性、吸引力和挑战性的问题，激发与推动学生的主动阅读和积极探究。二是以结果为导向，设定可预见、可达成与可评判的结果呈现形式，比如要点分享、证据呈现、书面报告等，逆向设计与选择相应的活动类型和适切的学习方式。三是以理性思维导航，运用比较、分析、概括、推理、实证等思维方法，辩证地、批判性地思考问题，不做情感的断言。阅读活动"边读边思"，注重辨别现象与真相、故事与道理、事实与细节、观点与证据；讨论活动"边听边议"，注重学习倾听与思考、提问与自述、总结与追问、认同与调整；演讲活动"边讲边看"，注重观点阐述与事例引用的匹配度、逻辑性和说服力；写作活动"边想边写"，注重真切地看、辩证地想、有理据地写、负责任地发表。

二要突出连贯性。围绕一个学习任务的若干个学习活动，要顺应学生的学习心理，遵循学习逻辑，由易而难，由浅入深，合理安排先后顺序，呈现连贯的活动链，让学生经历"爬坡式"学习过程，避免活动组织出现"下坡式"或"断崖式"现象。

三要突出充分性。学习活动要有较强的可操作性，能充分展开活动过程，不能停留在活动流程上。首先，要有具体的活动步骤，每一步做什么、怎么做，都有具体的行为要求，学生可以按照步骤一步一步进行语文实践。其次，要有合理的分工安排，独立学习活动、小组合作探究和班级集中学习要根据学习需要合理、交替安排，避免活动方式单一化。最后，要有科学的时间管理，每个学习活动都需要一定的时间保障，尤其是小组合作探究活动，不能走过场，应有足够的时间展开探究与讨论。

2. 策略支持

学习策略就是在具体的思辨性听说读写活动中，根据学习目的、文本类型和活动类型，选择与使用合适的学习方法，以提高学习活动的效率与效果。

一是学习策略的目的性选择：不同目的，不同学法。思辨性阅读与表达活动旨在提升学生的理性思维水平，因此应多采取质疑与提问、预测与推理、比较与辨析、评价与反思等学习方法，让学生在听说读写的实践活动中，学习科学的思维方法，运用辩证思维、批判性思维磨炼思维品质和思维能力。

二是学习策略的文体性选择：不同文体，不同学法。思辨性阅读与表达活动凭借的文本以科普类、说理类和评论类为主，应选择与文体类型、文体思维相一致的读写方法。具体来说，科普类文本可以采取加拿大资深教师阿德丽安·吉尔提出来的"推进""确定重点""提问和推测""联结""转化"等学习方法（《阅读力：知识读物的阅读策略》）；说理类故事可以采取由果溯因的逆向推理、由事及理的循证探究、由正及反的辩证分析、由个及类的逻辑归纳等学习方法；评论类短文可以采取辨别、实证、批判与发现等学习方法。

三是学习策略的活动性选择：不同活动，不同学法。活动方式不同，采取的学习方法也应各有侧重。思辨性阅读可以提问为主，进行多方面、多角度、多层次的提问，问得深、问得准，就读得透。思辨性表达可以论证为主，围绕观点有逻辑地思考，有理据地说，有条理地写。

3. 工具撬动

思辨性阅读与表达侧重于抽象思维，学生需要借助学习工具呈现思维过程、展示学习结果，以便调整学习活动，提高学习的自我效能感。

常用的思辨性学习工具有三类。一是各类表格。可以用它们对观点、事例、现象以及问题、推测、发现等进行分类，以梳理出这些项目之间的关系与变化。二是思维导图。可以用它将文本结构、事物异同、思考路径等呈现出来。三是学习任务单。它以图文结合的方式呈现具体的学习任务，可以将它作为学习活动的凭借，或者作为学习结果记录单。

五、思辨性阅读与表达任务群的评价设计

思辨性阅读与表达任务群的评价设计，应围绕语文核心素养之思维能力的目标要求，紧扣任务群的学习主题与内容要点，对照学业质量标准，聚焦思维方法、思辨能力、思考习惯与理性精神等学习目标，制定过程性评价和终结性评价的具体内容与实施要求。

1. 过程性评价

过程性评价贯穿任务学习的全过程，重点考查学生在学习情境中表现出来的学习态度、参与程度和思维能力等核心素养的发展水平。尤其是要借助思维导图等学习工具，真实呈现学生内隐的思维过程，促进学生进行学习反思。

一是关注学生的关键表现。根据具体的学习目标，制定表现性评价目标，设置相应的评价项目和标准；选择最能体现思维能力发展的标志性表现，设计现场观察记录表；运用记录表，定向观察并记录学生在学习活动中的关键表现，当场做出针对性点评或提示，以指导学生及时改进学习方法，调整学习进程。比如，下一页中的演讲评价表设置了五个评价项目，突出了与思维能力密切关联的三个关键指标：第一，观点正确、鲜明、新颖；第二，举例真实、贴切、新鲜；第三，表达清晰、流畅、准确。此表可帮助教师现场记录与评价学生和关键指标相关的行为表现，为评价提供真实可靠的依据。

演讲评价表

项目	表现记录			印象评价
1. 观点				☐ 正确 ☐ 鲜明 ☐ 新颖
2. 举例	① ② ③			☐ 真实 ☐ 贴切 ☐ 新鲜
3. 表达	金句： 病句：			☐ 清晰 ☐ 流畅 ☐ 准确
4. 形象	照片1	照片2	照片3	☐ 表情自然 ☐ 精神饱满 ☐ 态度积极
5. 效果	时间：		气氛：	☐ 有吸引力 ☐ 有感染力 ☐ 有说服力

二是突出学生的自我评价。学生既是评价的对象，也是评价的主体。要发挥相互评价的互促作用，更要突出自我评价的自省作用，培养学生独立自觉的学习品质。首先，师生共同确定评价目标，对预期达到的学习结果有清晰的认识，形成学习期待。其次，学生对照评价目标，列出具体的行为清单，知道该做什么、不该做什么，形成学习自律。最后，学生自觉关注学习表现和学习结果，对照清单做总结反思，形成学习习惯。比如，下面的讨论活动评价清单（见下页表）从思辨性表达的理性表达、仔细倾听、辩证思考、礼貌回应、合理采纳五个角度，制定了正面清单和负面清单，为学生参与讨论时的自我约束和自我评价提供了行为标准。

讨论活动评价清单

正面清单	负面清单
适时发表自己的看法或观点，并有理有据地加以说明，以期得到别人的支持	默不作声或武断地、情绪化地发表自己的观点，甚至强词夺理
仔细倾听别人的看法或观点，并适时地给予回应	不理会别人的发言或不友好地打断别人的发言
及时对别人正确的意见表示支持，或者及时补充自己的看法、建议	自以为是地否定别人的观点，试图用权威或名人压服别人
场面混乱时，有礼貌地提醒大家回到话题上，有序地、理性地进行讨论，控制好讨论时间	偏离讨论主题，啰唆，或与别人无理争执
能汲取别人新颖、合理的看法或观点，整理对问题的讨论结果	固执己见，主观臆断，不采纳别人合理的意见

三是运用多种评价方式。根据学习活动的不同类型和不同阶段，采取不同的评价方式，以增强评价的针对性、科学性与整体性。常用的评价方式有以下几种：课堂观察，不仅关注学生的提问数量与质量，更关注学生的专注程度与思考角度，以考察学生的思维方法与有效思维长度；对话交流，特别关注学生的交流速度与问题思考深度，以考察学生的思维品质与思维类型；小组分享，重点关注学生的观点与看法是否正确、独到、有理据，以考察学生的逻辑思维水平与求真务实的理性精神。此外，还可以通过现场作业评价、阶段性测试评价等方式，推断学生的思维过程和思维方法，做出有理有据的诊断性、过程性评价。

2. 终结性评价

终结性评价是学生完成不同学段思辨性阅读与表达任务群之后的结果评价，包括阶段性结果评价和学业水平考试。终结性评价要以学生的学习作品为依据，评判学生特定核心素养所达到的水平。终结性评价要符合以下几个要求。

一是基于学习成果。思辨性阅读与表达的学习成果，应该是最能体现思辨性的产品或作品。这就需要我们设计思辨性阅读与表达学习任务单，让学生以文字或图表的方式记录思考的具体路径或思辨的最终结论，作为评价的事实依据。比如，《手指》思辨性阅读任务单（见下表），设计了四个学习活动——比一比谁最美、谁最强、谁最可爱、最像谁，要求学生给五根手指排名并从文中找到依据，或联系生活写出自己的理由。这样，学生就能在任务单上留下学习结果和证据。

《手指》思辨性阅读任务单

评比 手指	谁最美		谁最强		谁最可爱		最像谁	
	排名	依据	排名	依据	排名	依据	哪一类人	理由
大拇指								
食指								
中指								
无名指								
小指								

二是参照标准命题。思辨性阅读与表达考试命题，要和与任务群对应的学业质量标准相一致，并根据学段要求区分水平，使试题更具可信度。思辨性阅读试题，要立足文本信息的提取、归纳、概括与评价，考查学生提取信息、筛选分类、比较概括、归纳总结等理性思维能力；思辨性表达试题，要直面学生真实生活中的问题和现象，考查学生对语言现象、自然现象和社会现象的认识能力与表达能力。命题要指向思辨性，有利于引导教师积极探索基于情境创设、问题解决、批判性思维和创造性思维发展的

教学方式。

　　三是依靠多元主体。思辨性阅读与表达的终结性评价，可以采取纸笔测试的形式，也可以设计综合性学习任务，比如专题辩论、主题演讲、调查访谈等，采取一对一或多对多的组织形式。这种方式仅仅依靠教师难以完成，需要学生、班主任、家长以及专业人士的共同参与，多侧面搜集学习表现，以更加准确地评价学生的思辨性阅读与表达水平。

依据课程标准用好统编教材

随着《义务教育语文课程标准（2022年版）》的颁布实施，统编小学语文教材也做了相应的修订。教材改动并不大，却成了热议的焦点。在一线教师看来，教材变了意味着教学要跟着变。事实上，教材是依据课程方案和课程标准编写的教学用书。我们不能脱离课程标准就教材论教材，而应以课程标准为准绳，确立正确的教材观与使用观，从照本宣科的"教教材"转向创造性地"用教材教"，以更好地落实立德树人的根本任务，促进学生核心素养的形成与发展。

一、以课标为本，读懂教材

用好教材，先要读懂教材。首先是将语文教材与课程标准对照读，正确理解教材中的国家意志、学科逻辑和教学要求。同时借助教学参考与专家解读，深刻理解教材的育人价值与教学功能，准确把握教材的编写意图与教学要旨。

1. 通读全册，领会编写理念

杨九俊先生认为，要领会教材的编写理念，先要通读整套书、全册书。从教材的系统规划、整体安排、编写体例和呈现方式中，明确语文课程与教学的改革方向和宗旨，确立核心素养导向的教材观。

其一，以人为本，素养立意。统编教材的编写与修订，始终遵循学生的身心发展规律与核心素养形成的内在逻辑，体现了素养本位，而非知识本位。教材承载的语文知识，不应被当作教学的最终目的，而应被看成核心素养形成与发展的工具或手段。这是新旧课程观、教材观的分水岭。教材中的语文要素实质上是教学目标，而非教学内容。教学中应该对接课程目标、学段要求和上位的核心素养内涵，设定素养型学习目标：知道"是什么"，理解"为什么"，能够"做什么"。如此才能实现从语文要素到核心素养的实践进阶。

其二，三位一体，读写并重。统编教材倡导"多读书，少做题"，建构了精读、略读、课外阅读三位一体的阅读教学体系，体现了"读书为要"的编写理念。同时倡导读写并重，设置了课后小练笔和词句段运用等读写结合系列、单元习作的语境交际系列、习作单元组成的能力进阶系列，形成了有梯度的写作教学体系。

其三，双线并进，螺旋上升。统编教材采用双线并进的组元方式，实现了课程内容和课程目标的教材化。人文主题涵盖"三大文化"，指向学生的精神成长；语文要素涵盖听说读写的知识与方法、策略与技能，指向学生的能力发展。同一人文主题在不同册次反复出现，不同语文要素前后关联与上下衔接，体现了螺旋式上升与渐进式发展的规律，且它们在语文实践活动中得以双线交互、同频共振。

2. 解读单元，厘清结构与思路

统编教材注重单元的系统性和整合性，将识字写字、阅读、写作、口语交际、综合性学习等五个领域的课程内容编入单元。只有厘清不同单元的内部结构与编写思路，才能准确把握教材的教学意图，充分发挥教材的育人价值。

一是横向厘清单元内各板块之间的关联。普通单元以人文主题创设学习情境，以语文要素统领实践活动，体现双线呼应的单元思路。比如，五年级上册第六单元的人文主题"舐犊之情"，就是一个触动学生情感的学习情境：《慈母情深》等三篇课文，分别写了"父母之爱"；口语交际，表达对"父母之爱"的理解；习作"我想对您说"，以书信方式向父母诉说心里话；词句段运用，写一写成长中的"第一次"。单元语文要素"体会作者描写的场景、细节中蕴含的感情"以及"用恰当的语言表达自己的看法和感受"，从读与写两个维度，对课文、习题、口语交际、习作、交流平台、词句段运用以及日积月累等板块进行了统整，呈现从读到写、从感性到理性、从读他人到读自己的进阶式实践过程。策略单元与习作单元，则遵循"示范—迁移—总结—运用"的学习逻辑，以读写方法与策略为主线，呈阶梯式内容板块。比如，习作单元一般由单元导语、课文示例、交流平台、初试身手、习作例文以及单元习作等板块构成，体现了从"学"到"习"到"用"的能力进阶。

　　二是纵向厘清不同单元语文要素之间的梯度。解读单元，不但要厘清单元内读写要素之间的关联，还要厘清同一册次不同单元语文要素之间的关联。比如，四年级上册第四单元提出"了解故事的起因、经过、结果，学习把握文章的主要内容"，第五单元提出"了解作者是怎样把事情写清楚的"，第七单元提出"关注主要人物和事件，学习把握文章的主要内容"，第八单元提出"了解故事情节，简要复述课文"，核心是把握"事情的起因、经过、结果"，由浅入深、从读到写、从部分到整体、从具体到简要，呈现了一个清晰的目标梯度。更重要的是，要厘清不同册次语文要素之间的关联。比如，复述，低年级的"不同方法复述"、三年级的"详细复述"、四年级的"简要复述"、五年级的"创造性复述"，体现了复述能力的层次性与发展性。纵向梳理语文要素，把握语文要素之间的逻辑关联，可以建立教材单元目标与内容的整体图景。

3.细读文本，把握教学要义

文质兼美的课文，需要由表及里地进行文本细读，以把握教学的要义。可以借鉴于漪老师"一课备三次"的经验，先素读，凭借自身学识读出自己的理解；再参读，借助教参或名家的作品鉴赏，读到别人的见解；然后重读，教学实践后进行反思性阅读，加深对文本的解读。

无论素读、参读，还是重读，都要在文本的关键处打开一个缺口，从中找到教学的起点、终点与关键点。林斤澜先生在《论短篇小说》中说："小说道上的基本功，少说也有两事：语言和结构。"文本解读，就是要从语言和结构两个维度入手，由浅入深地读出三个层次的内涵。一是表层的字面意思，读到文本"写了什么"，需要对文本所写的人、事、景、物进行梳理与归纳。二是里层的思想感情，读到作者"想说什么"。尤其是文学作品，字面所写的未必就是作者想说的，需要联系作者的时代背景、身世和处境，做出最合原意的解读。比如，泰戈尔的散文诗《花的学校》，诗中所写的上学和放假都是想象出来的，作者真正想要表达的，是对那种关了门做功课的"地下的学校"的不满和批判，是对花儿一样自由、活泼的学校生活的向往和赞美。三是深层的艺术构思，读到作者"是怎么写的"以及"为何这么写"。这一层表达的意味，是很多读者不得其门而入的。我们需要透过文本的含义看到表达的秘密。比如，列夫·托尔斯泰的小说《跳水》环环相扣、引人入胜的情节背后，是小说家极其高超的艺术构思：先制造一个危机，让孩子陷入险境；再解决一个危机，让船长逼孩子跳水，借机塑造一个英雄的形象。读到这样的"心智模式"，就能拥有一双慧眼，可以将同类小说读得通体透明，直抵语言运用与创造的新境界。

二、以学定教，用好教材

要想用好教材，既要读懂教材，更要读懂学生，精准把握学生对教材的已知与未知，将学生的认知与教材要求之间的差距作为教学的生长点。在此基础上，对照学习任务群的实施要求，从学生的学习需要出发，对教材单元进行任务化设计，以任务驱动的方式实现以学定教。

1. 单元双线的主题化统整

单元的人文主题形成了课文与资源系统，语文要素形成了目标与内容系统，在教学中我们应该将这两条线编织成一股绳，对人文主题与语文要素进行上位的统整，从大观念这个高度来确定单元学习主题，则更具单元教学的整体性、情境性与实践性。这里的大观念是指"一门学科（课程）知识内容体系中最有解释力、统整力和渗透力的知识，这种知识内含学科思想、学科方法、学科思维，它就是核心素养在学科（课程）的体现"（余文森、龙安邦《论义务教育新课程标准的教育学意义》）。我们可以从单元人文主题与语文要素的整合中，凝练出上位的单元学习大观念，让学生像专家一样思维，在真实情境中灵活运用所学的知识、方法与技能，创造性地解决复杂的大问题。

比如，五年级上册第七单元，人文主题是"四时景物皆成趣"，语文要素是"初步体会课文中的静态描写和动态描写"以及"学习描写景物的变化"。如果我们只从"静态描写和动态描写"的方法层面去教学，学生就会停留在对这两种描写方法的初步认知与技能训练上，难以实现更高水平的迁移应用。如果我们从知识的三个维度——"是什么""是怎么来的""有什么用"来整体考察"对四时景物的静态描写和动态描写"，就能凝练出这样一个具有统整力的大观念"描写让人看得见"，揭示描写这个表达方式的价值功能。建立了这样的认知大观念，学生就能对零散的描写方法与技能进行结构化，形成专家思维。由此，我们可以围绕"描写让人看得见"这个大观念，确定单元学习主题"我用文字'画'给你看"，对单元中的板块内容进行主题化统整，设计一个具有挑战性的情境任务：当一回电台播音员，让听众"看见"体育赛场上最激动人心的一刻。再将其分解为三个任务板块：一是赏诗人的"画"，阅读、欣赏三首古诗中的四季情趣；二是看作家的"画"，阅读、品味三篇课文中的景物之美；三是作自己的"画"，借鉴不同的描写方法，完成自己的播报任务。以学习主题统整的单元整体教学设计，有利于教得集中、学得充分。

2. 单篇课文的任务化设计

单元整体设计下的单篇教学，既要看到单元这个"森林"，又要看到单篇这棵"树木"，精准定位单篇的教学目标与教学内容。就具体课文而言，要在深入解读文本的前提下，根据课文的文体类型和教学功能，从所属学习任务群的视角，对课后习题进行任务化设计，变做题为做事。

比如，四年级上册第八单元是历史人物故事，属于实用性阅读与交流任务群，阅读目标是"了解故事情节，简要复述课文"。《西门豹治邺》课后有两道习题：一是简要复述课文，二是结合课文说说西门豹惩治巫婆和官绅的办法好在哪里。我们以"教人做事"的设计理念，将两道习题设计为三个阶梯式情境任务。一是以西门豹的身份，以写奏折的方式给魏王写一份不超过50字的调查报告。学生从人物对话中提取关键信息，用简短的语句加以转述。二是以村民的身份，劝告逃到外地的邻居返回邺县。学生抓住西门豹惩治巫婆和官绅的三个借口（新娘不漂亮、催一催巫婆、催一催官绅头子），用简练的语言对邻居晓之以理、动之以情。三是以西门豹的身份，向兴修水利的民众发表一段百字演讲，激励百姓克服困难开渠引水。这样的任务化设计，依托教材文本的内容情境，可以让学生在角色代入中加深情感体验，在问题解决中形成专家思维，在交流表达中发展语言运用能力。

3. 单项任务的结构化学习

任务化设计需要依托教材文本，任务解决的学习过程也需要借助教材文本，遵循学生的学习逻辑，由浅入深、由易而难、由具体而抽象，铺设阶梯式语文实践活动，让学生完整经历问题解决的复杂过程，以结构化学习改善学生的认知结构和心智模式。

上述《西门豹治邺》教学设计中"以村民的身份劝回邻居"的情境任务，需要铺设具体的活动步骤，让学生一步一个脚印地学做事、做成事。活动1：读故事，梳理情节图：去送新娘→惩治巫婆→惩治官绅头子→惩治官绅们→百姓明白真相。活动2：议真相，设计问题链：西门豹说的话都是真的吗？西门豹明知河神娶媳妇是假的，为何还要假戏真做？西门豹治邺高明在哪里？活动3：劝邻居，教人明事理：抓住三个借口，有序概述西门豹惩治巫婆和官绅的过程；揭露事实真相，让人相信西门豹治邺的才能。读、议、劝，从梳理情节到探究问题，进而到语言运用，形成了一个完整的学习过程。尤其是在问题探究中，学生凭借西门豹的言行，一层层地读到了西门豹话里有话、假戏真做、将计就计以及以其人之道还治其人之身的谋略。更为重要的是，学生从调查民情、破除迷信、兴修水利三件事情中，读到了西门豹治邺中体现出来的"诚信于民""民不敢欺"的过人之处，以此可以照见自己的得失，增长自己的见识，学会像西门豹那样去思考、解决问题。

由此可见，用好教材就是要让学生带着问题、带着任务，到教材文本中去走几个来回，经历阅读与鉴赏、梳理与探究、交流与表达等典型的语文实践活动，从而有所思考、有所发现。任务化学习，要从学生的学习需要出发，立足教材文本，而又不囿于教材文本。

三、以研促改，优化教材

除了对照课程标准读懂教材、用好教材，我们还要在教学实践中研究教材，不断地优化教材。统编教材沿用了文选型教材的编写格局，课文是教材内容的主要载体，这往往造成"课文变了，教材就变了"的错觉。除了研读教材文本，我们还要从培育学生的核心素养出发，深入研究"课程内容教材化"与"教材内容教学化"这两个根本性问题，从中发现教材的改进之处。

1. 丰富教科书的资源链接

统编教材囿于纸质教材的厚度，所选的课文篇目有限，信息量也有限，且更新周期较长。在信息时代，学生凭借丰富的课外读物和电子媒介，每天都可以接触海量信息。语文教科书的价值在于让学生借助这扇窗看到整个世界。比如，读了《西门豹治邺》，就能由此出发读开去，读西门豹的其他故事，读和西门豹一样的历史人物故事，甚至读整本书《史记》。从这个角度看，我们不能把教科书当成整个世界，而应把整个世界当成教科书。教材中课后的阅读链接、快乐读书吧等板块，就是将教科书难以呈现的好书、美文推荐给学生，以此打开学生的阅读世界。其实，我们可以更进一步，在教科书中以"1+X"的方式，链接更多、更新、更有价值的语文课程资源，以丰厚学生的语文世界。这里的"1"是指教科书中的一篇课文或者一个板块，"X"是指相关的课程资源，包括与学习主题相关的经典文章、整本书、影视作品，与作家作品相关的背景资料、原文原著、鉴赏评论等，甚至与课文内容相关的名胜古迹、博物馆、展览馆等。有了这样的资源链接，学生才能凭借这样的资源库进行探究性学习，不断丰富与完善自己的知识网络和认知结构。

2. 调整大单元的课文类型

单元课文是按人文主题选编的，而课程标准中的发展型学习任务群，则是按照文章类型和功能来划分的，实用性阅读与交流、文学阅读与创意表达、思辨性阅读与表达三个任务群大致对应实用类文本（包含记叙文、说明文、应用文等）、文学文本（包含诗歌、散文、小说、戏剧等）、论说类文本（包含议论文、科普文等）。当然，思辨性阅读与表达任务群，适用于任何类型的文章。

按照不同学习任务群的文章类型与体裁要求，我们对现有统编教材中的单元课文进行了梳理，不难发现存在三个需要改进的地方。一是文体交杂，同一单元的课文既有实用类文本，又有文学文本，难以确定学习任务群的归属。比如，四年级上册第二单元，《一个豆荚里的五粒豆》是安徒生童话，属于文学文本，与其他三篇科普文不是一类文体。二是文白交错，同一单元的课文既有古诗文，又有现代文，且文体往往不一样，造成教学的诸多困惑。比如，四年级下册第七单元，《古诗三首》是诗歌，《黄继光》是记叙文，《"诺曼底号"遇难记》是小说，《挑山工》是散文。三是文体难辨，统编教材中，有些课文经过修改后淡化了原文的文体特征，比如林遐的《海滨小城》，原文是一篇散文，改动后成了记叙文；有些课文是节选的，脱离了原著的文体属性，比如萧红的《火烧云》，一般被当作写景的记叙文来教，而原著《呼兰河传》是小说。

据此，在教学中，我们可以适当微调，依据学习任务群的文体类型，尽可能将同一单元的课文归属同一文体，以便更好地依体而教、识体而学、择体而用。需要说明的是，古诗词一般以组诗的方式编入单元，有些可与单元统整为一个学习主题，有些则需要单独教学，以更好地体现古诗词的教学价值。

3.完善学习任务群的教材转化

课程标准中设置了拓展型学习任务群，包括整本书阅读与跨学科学习。统编教材中，编排了传统文化、现代诗、遨游汉字王国、奋斗的历程、难忘小学生活等综合性学习单元，向跨学科学习跨出了重要的一步；还编排了图画书、童谣、儿歌、儿童故事、童话、寓言、神话、科普作品、民间故事、中国古典名著、成长小说、世界名著等12个快乐读书吧，体现了整本书阅读的教材化。从教学实践的视角看，无论是综合性学习还是快乐读书吧，在主题选择、编排体例与呈现方式上，与课程标准对整本书阅读和跨学科学习任务群的实施要求，都存在一定的落差。我们可以借鉴已有的实践探索，从成功的案例中提取可行的教材化策略与路径，逐步完善整本书阅读与跨学科学习任务群的教材化。

大观念驱动的主题任务单元设计
——以统编教材二年级上册第五单元教学为例

核心素养是要在真实而又复杂的问题解决过程中形成与发展的。学生若只掌握单元教学中的知识点与技能点，就难以解决真实而又复杂的大问题，因此需要掌握能统摄知识点与技能点的大观念。所谓大观念，是指"一门学科（课程）知识内容体系中最有解释力、统整力和渗透力的知识，这种知识内含学科思想、学科方法、学科思维，它就是核心素养在学科（课程）的体现"（余文森、龙安邦《论义务教育新课程标准的教育学意义》）。学生只有理解并形成了大观念，才能像专家一样思考，才能在真实情境中自动激活并灵活运用所学的知识、方法与技能，创造性解决复杂的大问题。

大观念是核心素养形成与发展的内核。现行教材采用双线并进的单元结构，将复杂而综合的学习内容分解为简单而细小的语文要素，呈现为知识点与技能点分类训练的小单元教学，难以促进学生核心素养的形成与发展。素养导向的任务单元应遵循核心素养形成与发展的内在逻辑，以大观念建构大单元，按照难易度与复杂度将大观念设置为连续性与进阶式学习主题，呈现为主题统整下任务驱动的大单元教学，易于促进学生核心素养的形成与发展。

主题统整下的大单元设计，遵循"教人做事"的设计理念，以大观念为核心，将学习内容、情境、方法和资源等要素整合为"主题与内容、情境与任务、目标与评价、活动与建议"的主题任务单元。大单元的设计有两个向度。一是教的向度。从教的向度出发，始于大观念，终于大问题。

即从大观念出发，遵循大观念形成的学习逻辑，以任务链为载体，整体建构主题任务单元，最终实现问题解决。二是学的向度。从学的向度出发，始于大问题，终于大观念。即从大问题出发，遵循大问题解决的实践逻辑，以问题链为载体，整体建构主题任务单元，最终形成大观念。大观念和大问题，形成了主题任务单元的双向建构。（见下图）

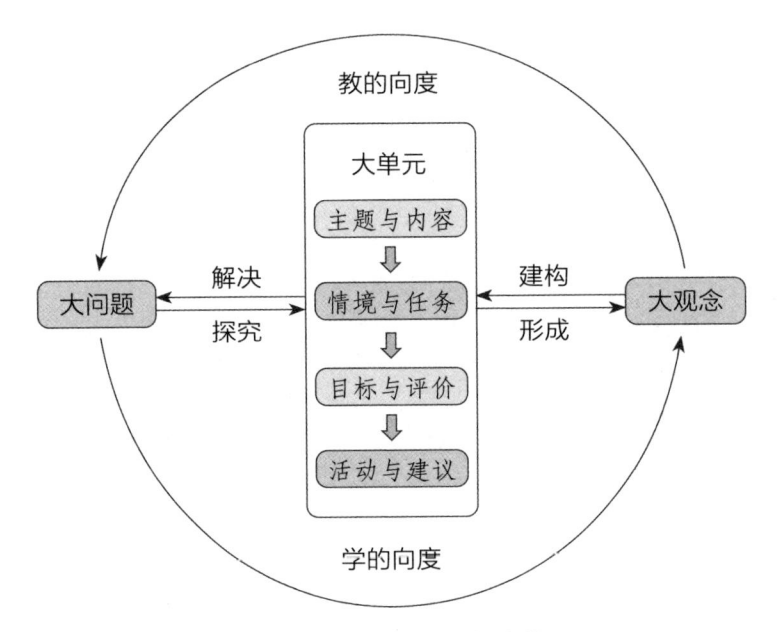

主题任务单元的双向建构路线图

建构主题任务单元，既要深入研读教材单元的学习内容，从中凝练学科大观念，又要深入了解学生的生活需要，从中确定单元学习主题，设计系列学习任务，实现学校语文与生活语文的深度联结。我们以统编教材二年级上册第五单元为例，从教的向度出发，围绕大观念建构大单元。

一、主题与内容

学习主题来自学习内容，既是学习内容的触发点，也是核心素养的生长点。学习内容来自课程内容，来自语文学习任务群。每个学习任务群都分学段规定了相应的学习内容，不同的学习内容都有相应的内容载体，大多为不同文体的选文。确定单元学习主题，就是要根据单元选文的特点，把握单元学习内容，找准单元学习内容的任务群类型，从任务群的视角凝练学习内容中的学科大观念，从而对单元中散落的知识点与技能点等语文要素进行结构化。在此基础上，根据学段内容要求与单元学习需要，拟定适切的单元学习主题。

二年级上册第五单元是寓言故事，在进行寓言故事的教学时，要注意以下四点。

一是准确把握寓言的文体特点。寓言是用小故事讲大道理，具有规劝、讽喻的特点。

二是正确归类寓言学习的任务。寓言属于文学作品，但需要学生开展思辨性阅读，学习理性思维方法，因此它属于思辨性阅读与表达学习任务群。

三是高位凝练寓言学习的大观念。从由事及理的思辨性学习高度，凝练寓言学习的大观念：寓言用小故事讲大道理，故事是谜面，道理是谜底，由果溯因可以揭示谜底、懂得道理，运用类比思维可以正确认识生活中的人与事，借用寓言可以更好地规劝他人莫做傻事。

四是确定寓言单元的学习主题。以大观念观照学生的真实生活与学习需要，根据思辨性阅读与表达任务群的学段要求，我们拟定了小学三个学段的寓言学习主题。第一学段的学习主题——猜猜寓言这个"谜"，侧重以猜谜的方式读好故事、读懂道理。第二学段的学习主题——照照寓言这面"镜"，侧重以反思的方式由事及理、由理及人。第三学段的学习主题——试试寓言这方"药"，侧重以运用的方式创编寓言规劝他人。"猜猜寓言这个'谜'"这一学习主题可以激发二年级学生对寓言的好奇心和求知欲，让他们把故事当作谜猜，积极思考与探究故事背后的道理，契合了思辨性学习的特点。

这个寓言单元编排了三篇课文。《坐井观天》《寒号鸟》是动物寓言，采用角色对比的方式讲故事说道理；《我要的是葫芦》是人物寓言，采用前后对比的方式讲故事说道理。根据单元学习主题"猜猜寓言这个'谜'"，我们将课文重组为两个板块的学习内容：一是动物寓言，包括《坐井观天》《寒号鸟》和第八单元的《狐假虎威》，侧重角色朗读与剧本表演；二是人物寓言，包括《我要的是葫芦》和"语文园地"中的《刻舟求剑》，侧重故事讲述与分析讨论。

二、情境与任务

大单元的学习情境不是日常教学中的情境导入、情境表演、情境写话等课堂情境，而是围绕学习主题、聚焦大观念的单元情境，它要合乎三个要求。一是"大"，特指时间跨度大，贯穿单元学习全过程，是长时段的学习情境，具有延续性。二是"真"，既可以是现实的"真"，真人、真事、真场景；也可以是虚拟的"真"，以角色代入虚拟场景，产生心理的真实与功能的真实。三是"深"，指学习情境中的问题具有挑战性。或是任务有难度，需要专家思维与深度学习；或是任务很复杂，需要与人合作以获取更多资源、工具和方法。

围绕学习主题"猜猜寓言这个'谜'"，我们创设了这样一个单元学习情境："有一种谜语叫'寓言'，谜面是一个小故事，谜底是一个大道理。二年级学生开展为期两周的寓言谜语周，组织'读寓言，猜谜语'系列活动。各班推选五名猜谜能手，组队参加年级的寓言谜语系列比赛。活动最终评选出'猜谜大王'和'优胜班级'。"这个学习情境属于现实的"真"，将寓言学习转化为猜谜比赛，也切合二年级学生的游戏化学习心理。猜谜的活动情境，指向探究性学习，统整了语言学习与思维训练，能有效促进学生大观念的形成。

我们在设计主题统整下的系列学习任务时，应遵循"教人做事"的设计理念，采取"角色代入"的设计思路，让学生脱离原来的学生角色，在学习情境中变身为特定的任务角色，从而积极主动担负起角色赋予的任务与职责，运用学习情境中的工具、资源等，以角色的专家思维创造性解决问题。

在"猜猜寓言这个'谜'"学习主题下，我们紧扣"猜谜"这个极具挑战性与思维含量的核心任务，在寓言谜语周的学习情境中，设置多个阶梯式学习任务，让学生代入多个任务角色，实现任务驱动的情境化学习。

一是找找"谜"故事。让学生代入"编辑"的角色，根据寓言的文体特点将寓言与童话、神话、民间故事、小说等故事类文本区别开来，然后一起收集读过的寓言故事，在班级的寓言目录中不断增添新的寓言，最后分类编成一本班级寓言集。

二是演演寓言"剧"。让学生代入"导演"或"演员"的角色闯三个关卡：第一，归类识字关，自主识字学词；第二，对话朗读关，读好角色的语气；第三，角色表演关，自由组队，自主分工，合作表演课本剧。

三是猜猜故事"谜"。让学生代入"谜手"的角色，对故事中的愚人或傻事问个"为什么"，从不同的角度猜测、推断故事的"谜底"。我们先让学生说说故事中的"对与错"，聚焦可笑处、坏结果；再让学生议议"果与因"，由果溯因，猜测与推断原因；最后让学生猜猜"谜中理"，比较不同的"谜底"，选择最佳答案。

"找""演""猜"三个学习任务围绕单元学习主题次第展开，构成了一个前后关联的任务链：让学生从"找"中辨识寓言"故事＋道理"的结构特点，从"演"中区分人物的"是非对错"，从"猜"中锻炼由果溯因的思维能力。

下一页中的图呈现了寓言学习过程中大观念的形成过程。

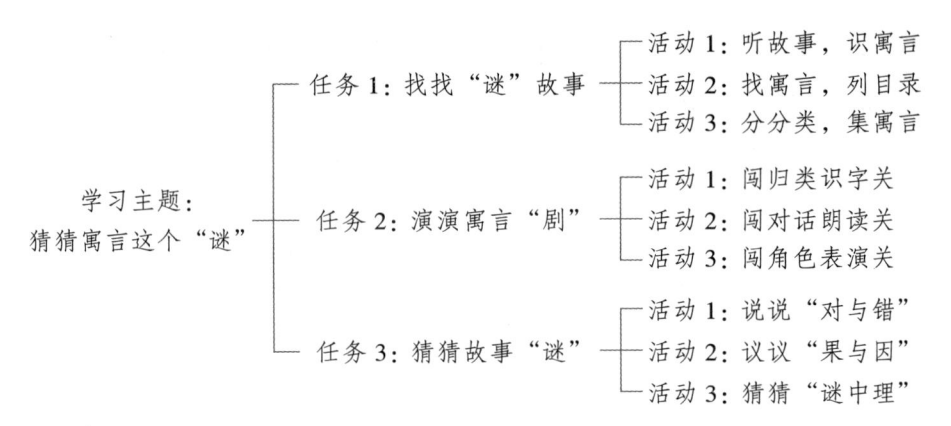

```
                                          ┌─ 活动1：听故事，识寓言
                     ┌─ 任务1：找找"谜"故事 ─┼─ 活动2：找寓言，列目录
                     │                     └─ 活动3：分分类，集寓言
                     │
学习主题：           │                     ┌─ 活动1：闯归类识字关
猜猜寓言这个"谜" ─┼─ 任务2：演演寓言"剧" ─┼─ 活动2：闯对话朗读关
                     │                     └─ 活动3：闯角色表演关
                     │
                     │                     ┌─ 活动1：说说"对与错"
                     └─ 任务3：猜猜故事"谜" ─┼─ 活动2：议议"果与因"
                                          └─ 活动3：猜猜"谜中理"
```

"猜猜寓言这个'谜'"主题任务单元的整体建构

三、目标与评价

主题任务单元采用"学习目标→学习评价→学习活动"的逆向设计思路，将学习评价前置，并与学习目标进行一体化设计。既对学习目标的实现水平做了具体规定，又对学习活动的步骤进行了设计。主题任务单元的目标，遵照核心素养→课程目标→任务群教学目标→单元学习目标逐级分解的思路，对照单元大观念的学习目标具体制定。基于统编教材的主题任务单元，学习内容涵盖多个任务群，我们可以按照任务群的层次分类设计学习目标。比如，寓言单元的核心学习目标指向思辨性阅读与表达任务群。我们可以对照该任务群的教学目标，从思维方法、思维能力和理性精神三个方面，围绕寓言单元大观念的学段目标，拟定四个发展型学习目标。这个单元兼顾的学习目标指向语言文字积累与梳理任务群，我们可以据此拟定一个基础型学习目标。这样的单元学习目标，可以更加完整地体现单元的教学价值。学习评价要对应学习目标，具体描述可操作、可观测、可评判的评价要求，并以学生的关键表现和代表作品来实证学习目标的达成度。（见下页表）

"猜猜寓言这个'谜'"主题任务单元的学习目标与评价要求

任务群	学习目标	评价要求
发展型	1. 能初步认识寓言，会分类整理寓言目录	1.1 能从已学的课文中找出《乌鸦喝水》《小猴子下山》等寓言故事 1.2 能从图书馆借一本寓言故事，按照动物、植物、人物与事物（无生命）的标准进行分类 1.3 能在班级的寓言目录中，写上自己读过的寓言故事
	2. 能分角色朗读并进行角色表演，会表现不同的语气、动作与神态	2.1 能区分并读出祈使、疑问、反问与感叹四种语气 2.2 会分类整理表示不同角色动作与神态的词语，并能学着插图中的样子表演出来 2.3 能熟记角色的话语，会主动选择某个寓言故事中的某个角色进行表演 2.4 能用商量的语气表达自己的请求或意见，会与同学合作表演
	3. 能判断与质疑角色言行的对错，能由果溯因探究故事中的道理	3.1 能根据不同角色所说的话、所做的事，辨别对错 3.2 能对做错事、说错话的人问个"为什么"，找到造成错误结果的原因 3.3 能根据讨论的结果，用"因为……所以……"的句式把意思说清楚 3.4 能根据故事情节，正确认识到狐狸是狡猾而不是聪明
基础型	4. 能主动随文识字，能分类整理新学的词语	4.1 能借助拼音正确认读生字，能自己读通句子 4.2 能按照故事中的角色，对课文中的生词进行归类 4.3 能积累并说出"得"字结构的词语

四、活动与建议

主题任务单元的学习活动，是学生形成学科大观念所必须经历的实践过程，具有规定性。设计学习活动时，应遵循三个原则。一是结构化。要围绕学习任务，设计结构化的活动链，促使学生经历完整的学习过程。二是探究式。结构化课程决定了学生要进行探究式学习，尤其是在思辨性主题任务单元中，应以质疑、比较、分析、推断、讨论、辨析等探究式学习为主轴，关联阅读与鉴赏、表达与交流、梳理与探究这三种典型的语文实践活动。三是充分性。要以阶梯式活动步骤，逐步展开学习过程。每个步骤都要设置学习的规定动作和成果形式，并与学习评价相对应，有效地实现学习目标。教学建议是从教师的角度提出的活动实施要点，包括任务学习的课时安排、内容调节，学习工具与学习资源的链接，学习方法、策略支持与活动的课堂组织等，宜切中要点，简明扼要。

以"猜猜寓言这个'谜'"主题任务单元的任务3"猜猜故事'谜'"为例，我们的活动设计充分体现了思辨性，教学建议充分体现了实用性。

学习活动1：说说"对与错"

（1）试试身手：在《坐井观天》的课文中画出青蛙和小鸟的不同说法，并比较一下，说说谁对谁错。

角色	青蛙	小鸟
说法	天不过井口那么大	天无边无际，大得很哪
对错		
理由		

（2）练练思维：在《寒号鸟》的课文中画出喜鹊和寒号鸟的不同做法，并比较一下，说说谁对谁错。

角色	喜鹊	寒号鸟
做法	天气晴朗，忙着做窝	太阳高照，正好睡觉 天气暖和，得过且过
对错		
理由		

（3）挑战极限：阅读《狐假虎威》，比较两种关于狐狸的说法，说说谁对谁错。

说法	狐狸是狡猾的	狐狸是聪明的
对错		
理由		

（4）最强大脑：你是从哪些方面判断一个人的说法或者做法是错的还是对的？

要点：客观事实（天无边无际）；最终结果（寒号鸟冻死了）；站在不同的角度（狐狸、老虎、百兽）。

学习活动2：议议"果与因"

（1）画幅思维图：阅读《我要的是葫芦》，对照课文中两幅插图，讨论种葫芦的人为什么一个葫芦都没得到。画一幅由果溯因的思维图，并根据这幅思维图，用"因为……所以……"的句式把种葫芦的人没得到葫芦的原因说清楚。

小葫芦变黄了
一个一个都落了
（为什么）

叶子上
长满了蚜虫
（为什么）

要葫芦
不要叶子
（为什么）

结果 〉 原因 〉 原因 〉 原因 〉 原因 〉 原因

叶子变黄了
一片一片都落了
（为什么）

看见叶子上
有些蚜虫却没治
（为什么）

……

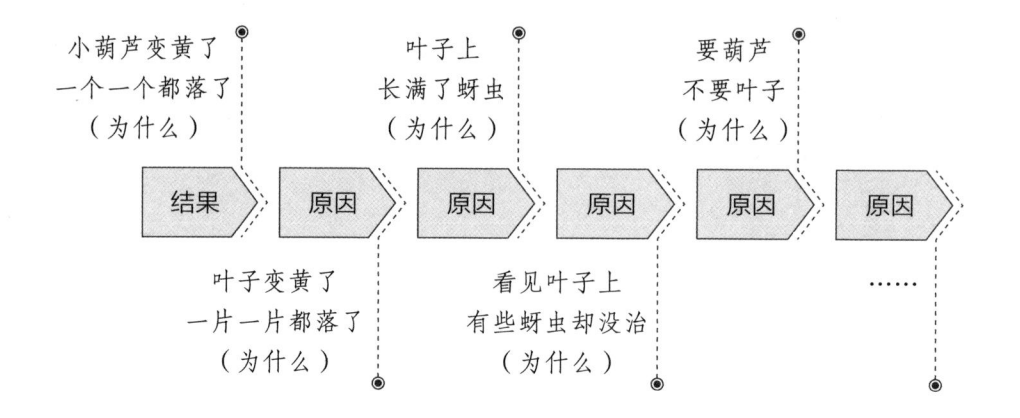

（2）画幅简笔画：阅读《刻舟求剑》，讨论为什么宝剑的主人捞不到宝剑。用简笔画把为什么捞不到宝剑的原因画出来，并根据简笔画，用"因为……所以……"的句式把原因说清楚。

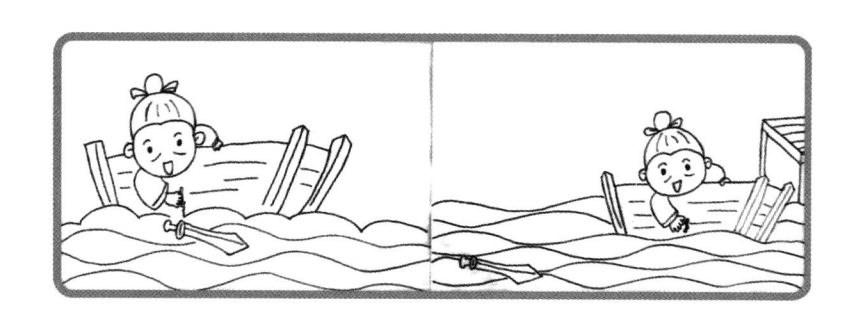

（3）最强大脑：你是用什么方法发现事情没做成的原因的？

要点：借助思维图，从结果一步一步往前找原因；借助简笔画，从人物的做法和结果中发现原因。

学习活动 3：猜猜"谜中理"

（1）猜一句话：根据寓言故事的内容，猜一猜这些角色说过的最愚蠢、最自以为是的一句话。

角色	井底之蛙	寒号鸟	种葫芦的人	捞宝剑的人	狐狸
最愚蠢、最自以为是的话					

（2）猜一个谜：根据角色这句最愚蠢、最自以为是的话，想一想寓言中这个角色代表了生活中的哪一类人。猜猜寓言这个"谜"的谜底，想出一个最贴切、最简单的词语来表达。

谜面	坐井观天	寒号鸟	我要的是葫芦	刻舟求剑	狐假虎威
角色	井底之蛙	寒号鸟	种葫芦的人	捞宝剑的人	狐狸
谜底（最贴切、最简单的词语）	孤陋寡闻 鼠目寸光 一知半解 ……	得过且过 懒惰成性 贪图安逸 ……	一意孤行 忽视联系 只求结果 ……	一成不变 墨守成规 依样葫芦 ……	仗势欺人 狗仗人势 恃强凌弱 ……

（3）最强大脑：你是怎么猜出寓言这个"谜"的?

要点：找到角色说过的蠢话、干过的傻事；想到角色代表哪一类人；用最贴切、最简单的词语。

以上内容教学建议如下：①建议用两课时完成这个学习任务，可以根据学习需要，重新安排学习顺序；②学习活动中的表格、思维图和简笔画等，应以学习任务单的形式呈现；③在猜寓言"谜"的过程中，可以为学生提供成语词典等工具书、参考资料；④这个学习任务极具思维含量，宜采用讨论、推理、辩论、辨析等探究式学习方法。

打开思维的暗箱
——统编教材五年级下册第六单元整体教学设计

统编教材的内容单元，包含识字写字、阅读、写作、口语交际和综合性学习等内容，以人文主题和语文要素进行"双线组元"，就像用各种水果串糖葫芦，学科知识就是那根竹签。素养导向的学习单元，整合了学习内容、情境、方法和资源等要素，呈现为学习主题引领下的真实任务，就像用各种水果榨水果汁，"榨汁"的过程就是学生在问题解决过程中发现与建构知识的学科实践。学习任务群视域下的单元整体教学设计，就是将知识型内容单元改造成任务型学习单元，从学科知识传递转向学科实践建构。那么，如何设计单元整体教学呢？我们以统编教材五年级下册第六单元为例，探讨有效的设计方法。

一、梳理单元学习内容

这个单元的人文主题是"思维的火花"，选编了三篇课文，包括成语故事《自相矛盾》、历史故事《田忌赛马》和外国小说《跳水》。这三个故事中，既有质疑"以子之矛陷子之盾"，让楚人无言以对的路人；又有调换马的出场顺序，让田忌转败为胜的孙膑；还有在危机时刻用枪逼孩子跳水，让孩子转危为安的船长。这三个故事体现了人物发现问题、解决问题的理性智慧。因此，"思维的火花"中的"思维"指的是以辩证思维、逻辑思维和创造性思维为主的理性思维，而非以直觉思维、形象思维为主的感性思维。

这个单元的语文要素有两个：一个是阅读要素——"了解人物的思维过程，加深对课文内容的理解"；一个是写作要素——"根据情境编故事，把事情发展变化的过程写具体"。

从阅读角度来看，三篇课文后面的习题都指向人物言行背后的因果关系，比如，《自相矛盾》后面"想一想：'其人弗能应也'的原因是什么"，《田忌赛马》后面"说一说：孙膑为什么要让田忌这样安排马的出场顺序"，《跳水》后面"说说（水手们）这几次'笑'与故事情节发展的联系"。要分析与把握因果关系，就要了解人物言行背后的思维过程，就要借助实物演示、情境再现、思维导图等方式，将看不见、摸不着的思维过程展现出来，从中发现人物发现与解决问题的思维方法。对此，本单元"语文园地·交流平台"中归纳了两个要点。一是推测人物的思维过程：先分析情况，再选择办法。二是指导学生解决问题：先分析情况，再选择办法。简单地说，先分析情况，再选择办法，就是人物解决问题的思维过程。

从写作角度来看，这个单元的命题作文是"神奇的探险之旅"，要求学生借助人物、场景、装备和险情等提示，展开丰富、合理的想象，把遇到的困境、求生的方法写具体。从写作要求来看，这是想象性文学写作。但是要让想象合理，虚构的故事情节就要合乎生活逻辑，困境与方法之间要具有因果关系。把脱困的过程写具体，就是要体现构思故事的理性思维，闪现人物摆脱困境的思维火花。从这个角度来看，事情发展变化的过程，暗含着人物做事的思维过程。阅读与写作要素，在理性思维这个核心素养层面实现了融合。

经过梳理，我们看到了这个内容单元包括三篇课文阅读、一个命题作文以及"语文园地"中"交流平台""词句段运用""日积月累"等多项学习内容，大体以"思维"这个"竹签"串联起来。那么，如何将其改造成任务型学习单元，将"糖葫芦"榨成"水果汁"呢？

二、确定单元学习主题

新课标指出:"设计语文学习任务,要围绕特定学习主题,确定具有内在逻辑关联的语文实践活动。"任务学习单元,就是用特定的学习主题来统整多项学习内容,并将其融合成真实的情境任务,有人称之为"主题任务单元"。那么,什么是学习主题?新课标对学习主题没有做概念界定,从学习任务群的"教学提示"中列举的学习主题来看,我们可以将其理解为人文主题,比如"我爱我家""多彩世界""英雄的童年"等。这体现了语文课程文以载道、以文化人的育人导向。从学生的学习角度看,学习主题包含两个对立统一的侧面:一个是学生在学习和生活中遇到的真问题,是直击本质、值得反复探究的大问题,能引发学生的好奇心和求知欲;一个是学生用以解决真问题的大观念,是最具解释力与统整力的核心知识,包括学科思想、学科方法、学科思维,能让学生像专家那样去思考问题、探究实践。大问题需要大观念,两者是学习主题的一体两面,是学习内容的高度凝练与上位概括。

如何确定一个单元的学习主题呢?从实践的角度看,需要通过三个步骤。

1. 从学情入手,找准学习的大问题

阅读智慧故事时,学生最想知道的是:那些聪明人是怎么思考问题的?他们的脑子里到底是怎么想的?比如,《自相矛盾》中,那个路人怎么会想到让卖家用自己的矛刺自己的盾?《田忌赛马》中,孙膑是怎么想出调换马的出场顺序这个办法的?《跳水》中,船长怎么会想到用枪逼孩子跳水的办法救孩子?这些问题都是关于人物思维过程的大问题,是指向思维方法的本质问题。对学生来说,思维就是一个看不见的暗箱。

2.从内容层面，统整上位的大观念

根据单元的人文主题和选文的文类特点，我们可以推断本单元属于思辨性阅读与表达任务群。对照该任务群第三学段的学习内容"阅读哲人故事、寓言故事、成语故事等，感受其中的智慧，学习其中的思维方法"，我们不难发现，"智慧""思维方法"这两个重要概念，与单元语文要素中的关键概念"思维过程"，经过上位统整后可以凝练为这样一个学科大观念——"智慧源于思维，思维始于问题，问题解决取决于思维方法"。学生一旦形成这样的学科大观念，阅读智慧故事时就会有思维路径，就能拥有一双有穿透力的眼睛，透过故事情节看到思维方法。

3.从实践出发，确定单元学习主题

基于单元学习的大问题和大观念，我们从"思维的火花"这个人文主题的实践范畴出发，确定了一个更具挑战性、更适合学生的学习主题"打开思维的暗箱"，以此引发学生的好奇心和求知欲，激发学生用探究的方式去发现人物的思维过程。在这个学习主题的引领下，学生的语文实践活动有了"主心骨"。

三、创设单元情境任务

单元学习情境不是日常教学中的情境导入、情境对话、情境表演等具体情境，而是围绕学习主题的真实问题情境，需要合乎三个要求：一是"大"，它时间跨度大，延续周期长，覆盖单元学习全过程，是一段时间内的学习情境。二是"真"，既可以是物理的真实，真人、真事、真场景，也可以是功能和心理的真实，学生在虚拟场景中以角色代入的方式解决真实问题，获得真实的实践能力和真实的心理体验。三是"深"，它是生活中的交际性情境，不是数学中的例题式情境，学生需要动脑、动手，更需要与他人合作。

我们围绕"打开思维的暗箱"这个学习主题，创设了这样一个单元情境："古今中外的智慧故事中，那些聪明人是怎么思考的？我们将跟随故事中的聪明人，开展一场思维的探险之旅，在阅读和讨论中打开智慧背后的思维暗箱，像探险家那样去发现思维方法，像小说家那样去构思历险故事，像聪明人那样去解决复杂的问题……用探究点亮思维的火花，用思维照亮学习和生活。"

学习这个单元时，要在黑板的一角写下这样一句话："聪明人是怎么思考的？"学生每天都要带着这些问题进课堂：故事中的聪明人是怎么思考的？生活中的聪明人是怎么思考的？遇到同样的问题，我该怎么思考？这就营造了一个学习情境，置身其中，学生就会改变对人、对事的态度，就会带着思索的眼光、探索的实践走进文本世界，走进生活世界，创造性地思考与解决遇到的各种真实问题。

学习情境最重要的作用是让学生脱离原来的学生身份，以探险家、小说家、孙膑、船长等新的身份进入文本阅读与写作构思的活动场景中去"做事"。这个单元我们围绕"打开思维的暗箱"这个学习主题，整合学习内容、学习情境、学习方法、学习资源和学习工具，设置了三个具有内在关联的学习任务（见下图），进行单元整体教学设计。

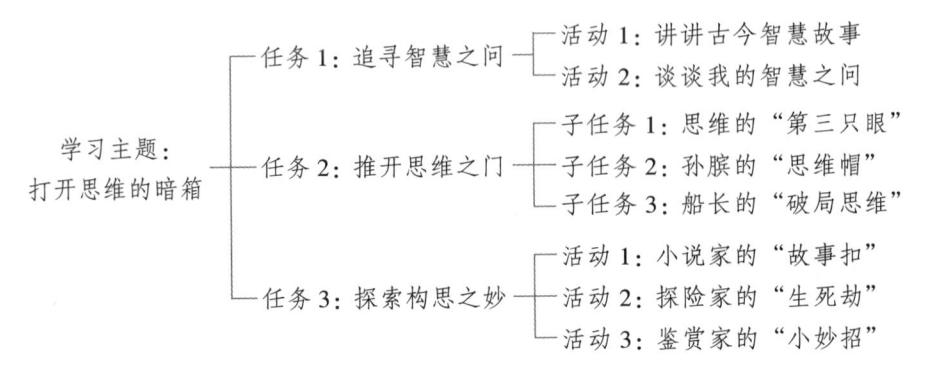

学习主题：打开思维的暗箱
- 任务1：追寻智慧之问
  - 活动1：讲讲古今智慧故事
  - 活动2：谈谈我的智慧之问
- 任务2：推开思维之门
  - 子任务1：思维的"第三只眼"
  - 子任务2：孙膑的"思维帽"
  - 子任务3：船长的"破局思维"
- 任务3：探索构思之妙
  - 活动1：小说家的"故事扣"
  - 活动2：探险家的"生死劫"
  - 活动3：鉴赏家的"小妙招"

单元任务结构图

任务1：追寻智慧之问

问一问：这些人怎么这么聪明？第一个活动是讲讲古今智慧故事。古今智慧故事既包括这个单元的三篇课文，也包括学生读过的其他智慧故事。我们要及时和学生一起将这些智慧故事收集起来，分类整理后放在教室的图书角，或者拷贝到教室的电脑里，以方便随时取用。这个单元的三个故事，要求人人都会讲述。我们可以引导学生在识字学词的基础上熟读课文，整理出一幅故事地图，然后按照这幅故事地图把故事讲出来。第二个活动是谈谈我的智慧之问，也就是阅读每篇故事时都要问这样的问题：故事中的人为什么这么聪明？他是怎么思考问题的？学生每读一个故事都问这样两个问题，长期坚持下去，就会有很多智慧之问，就会形成一种边阅读边积极思考的习惯。

任务2：打开思维之门

推测一下故事中的这些人是怎么思考问题的，理一理他们的思维方法。根据不同的故事，我们将这个任务分解为围绕思维方法的三个子任务。第一个子任务是思维的"第三只眼"。人只有两只眼睛，思维是人的"第三只眼"。你能发现"第三只眼"是怎么思考问题的吗？第二个子任务是孙膑的"思维帽"。孙膑有哪几顶思维帽？他是怎么一步一步想出办法让田忌转败为胜的？第三个子任务是船长的"破局思维"。看见孩子陷入绝境时，船长是怎么破解这个死局的？

任务3：探索构思之妙

小说家是怎么构思小说情节的？像小说家那样构思历险故事，体验创作的快乐。第一个活动是小说家的"故事扣"。单元习作"神奇的探险之旅"不是写一次"险"，而是写好几次"险"，一个"险"接着一个"险"，环环相扣。这就要求学生有小说家思维——"故事扣"，也就是事件和事件之间具有内在的因果关系。第二个活动是探险家的"生死劫"。也就是说，一个探险故事要让主人公经历生与死的转变。"生死劫"有两种设计方法：一种叫"普通生死"，主人公遇到的是一般的危险，采用的是一般的方法，结局在读者意料之中，故事情节波澜不惊；另一种叫"特殊生死"，危险程度高，主人公脱险的办法常常在意料之外、情理之中，故事情节跌宕起伏、引人入胜。有创意的构思要尽量跳出固有的思维框架，寻求更有挑战性的情节。比如，学生写到在旅途中突然遇到了狮子。一般的脱困方法是逃，而有创意的化险方法是用特殊的装备，比如用一张大网罩住狮子。也可以设计特殊的场景，比如利用猎人挖好的陷阱，引诱狮子猛扑过来掉入陷阱。还可以设计英雄出场，比如同伴是个动物学家，在危急时刻利用狮子的习性改变了它的追逐；或者同伴是个逃生专家，在千钧一发之际想出了一个绝妙的主意，最终化险为夷。第三个活动是鉴赏家的"小妙招"。把自己的文章交给别人读，请读者提意见，让读者从鉴赏的角度推敲历险情节设计得是否合理。

由此可见，单元学习主题的确立、单元情境任务的创设不是从文本出发，而是从问题出发。在读了许多智慧故事后，学生提了一个同样的问题——"聪明人是怎么思考的"，之后再来探究这个问题。始于问题，而不是始于文本，这是将统编教材的内容单元改造成任务型学习单元的核心要义。情境任务的创设，一定要让学生有一种摩拳擦掌、跃跃欲试的学习冲动。

四、设计单篇学习活动

统编教材的内容单元，一般按照选文顺序一篇一篇学习；主题引领下的任务单元，一般依据任务序列一个任务一个任务学习。比如，围绕"打开思维的暗箱"这个学习主题，我们用一周时间完成任务1"追寻智慧之间"，先集中识字学词，再熟读课文，然后依据情节地图讲述三个智慧故事，最后进行智慧之问。接下来再用一周时间完成任务2"打开思维之门"和任务3"探索构思之妙"。事实上，单元整体教学设计，旨在以学习任务重构单元内容，安排连贯的语文实践活动。因此，我们也可以按照"单元整体设计，单篇任务教学"的方式进行教学，突出语文学习的实践性，也更顺应文选型教材的教学常态。其重点是单篇任务下的学习活动设计。

子任务1：思维的"第三只眼"——《自相矛盾》学习活动

活动1：读通小古文，演好小故事。先让学生借助古文的一些固定句式，比如"……者""曰……""夫……"等学会断句。再让学生熟读古文，把每一句话都读正确、读连贯。然后让学生与同桌合作，表演故事内容。第一次用古文表演，卖家"誉之曰""又誉其矛曰"，突出夸耀的语气；买家"或曰"，突出质疑的语气。第二次用现代文表演，把古文转化成现代文，将这个对话情境表演出来。

活动2：找到第三者，深思矛与盾。先让学生找到故事中的三个人：一个是卖家，一个是买家，还有一个是作家。再让学生思考这三个人是怎么说的：卖家是"誉"，也就是夸耀，夸耀自己的产品；买家是"问"，问是否货真价实、性价比是不是很高；作家是"议"，作家超越卖家和买家，站在旁观者的角度，发现了现象背后的真理、规律。抓住"誉""问""议"这三个关键词，这个故事就读懂、读透了。最后让学生思考三种说法背后藏着的三种思维。第一种是卖家思维，卖家的"肉眼"只看到了物品的优点，他的"誉"是单一思维。第二种是买家思维，买家用"心眼"看真假，他的"问"是推理思维。第三种是作家思维，作家用"慧眼"看规律，他通过买家和卖家两个人的争辩找到其中的规律，他的

"议"是归纳思维。学生看见了三双不同的眼睛、三种不同的思维方法，这样，人物的思维过程就被破解了。

活动3：说一说成语，辨一辨矛盾。先让学生用一句话讲讲这个成语故事，再让学生辨一辨生活中的矛盾，可以是语言现象中的矛盾，也可以是生活现象中的矛盾。比如，同一个人面对同一件事，前后说法相互矛盾，前后做法相互矛盾。这就是将文本和生活结合起来，在分析、思考真实的生活现象过程中，锤炼自己的思维与表达。

子任务2：孙膑的"思维帽"——《田忌赛马》学习活动

活动1：猜写词语，演绎赛马。先让学生借助老师的手势、讲述的故事等，猜测所指的词语，并默写出来。再让学生用"引荐"这个词语，说说谁把谁引荐给了谁，理清人物之间的关系。最后师生根据故事内容，表演田忌两次赛马的过程。第一次，田忌连输三场；第二次，田忌输一场赢两场，转败为胜。在此基础上，让学生简要讲述《田忌赛马》的故事，并思考孙膑是怎么想出这个好办法的。

活动2：破解计谋，看见思维。借助孙膑的四顶思维帽，揭示孙膑的谋略的思维过程。先出示一顶"白帽子"，让学生从田忌连输三场中找原因（田忌每个等级的马都比齐威王相应等级的马慢了一点点），用"之所以……是因为……"的句式说清楚。再出示一顶"黄帽子"，让学生从田忌失败的原因中找他的优势（田忌的上等马可以胜过齐威王的中等马，田忌的中等马可以胜过齐威王的下等马），用"虽然……但是……"的句式说清楚。接着出示一顶"绿帽子"，让学生从田忌的优势中找办法（调换马的出场顺序，先输一场再赢两场），用"如果……就……"的句式说清楚。最后出示一顶"黑帽子"，让学生从孙膑的办法中找漏洞，想想在什么情况下用这个办法也会输。这是一个开放性问题，学生可以从齐威王的角度思考，可以从比赛规则的角度思考，也可以从马的变动角度思考，还可以从田忌与孙膑的关系角度思考。角度不同，找到的漏洞不同。这个过程可以锤炼学生思维的逻辑性与批判性。

活动3：借用"帽子"，学做"军师"。先让学生阅读《围魏救赵》的故事和相关地图，借用思维帽破解孙膑围魏救赵的谋略，并用文字表述出来。再让学生联系自己遇到的真实问题，运用思维帽寻求解决问题的办法。比如，幼儿园里有一个小朋友，借了同桌的玩具后只顾自己玩，不肯归还。你能用什么办法让他立刻归还？学生在学习中会发现：巧用思维帽，难题不再难。

子任务3：船长的"破局思维"——《跳水》学习活动

活动1：理清因果说情节。让学生先列出故事中的人物，根据人物与人物之间的关系梳理事件，再根据事件与事件之间的因果关系理清小说的情节：因为水手们拿猴子取乐，所以猴子摘下孩子的帽子；因为猴子摘下孩子的帽子，所以孩子追猴子遇险；因为孩子追猴子遇险，所以船长逼孩子跳水；因为船长逼孩子跳水，所以水手们救孩子脱险。

活动2：惊人一问议危机。让学生结合小说情节思考这样一个关键问题：是谁把孩子一步步推入险境的？学生小组合作，借助文本探究孩子陷入险境的原因。有猴子的"逗"，猴子故意摘下孩子的帽子，还又咬又撕，边爬边逗，猴子的"逗"让孩子产生了冲动；有水手们的"笑"，水手们开始笑猴子，后来笑孩子被摘下帽子，又笑孩子拿猴子没办法，水手们的"笑"让孩子丢了面子；有孩子的"气"，孩子一开始哭笑不得，到后来气得脸都红了，最后气极了，孩子的"气"让自己失去了理智。猴子的"逗"、水手们的"笑"、孩子的"气"，三者互为因果，互为推动。这是列夫·托尔斯泰的高明之处，让你感觉不到其中的因果，觉得是自然而然发生的。当然，这里有顶帽子，但帽子仅仅是个道具，不是罪魁祸首。如果再追问一下究竟是谁把孩子推入险境的，你会猛然发现，这其实是小说家精心设计的一个局，是他故意制造的一个危机。

活动3：思维破局识英雄。孩子陷入险境，在场的猴子、孩子和水手们都没有办法解决这场危机。于是，小说家就让英雄出场解决这个危机，而船长就是破局的英雄。英雄的"破局思维"藏在他所说的话中："向海里跳！快！不跳我就开枪了！""向海里跳！不然我就开枪了！一！二！"这里的"破局思维"就三个字：准、快、狠。第一个字是"准"，就是方法要准，向海里跳是最简单的方法；第二个字是"快"，就是速度要快，不能犹豫，不能等待；第三个字是"狠"，不跳就开枪，不是狠心、冷酷，而是冷静、果断。所以，英雄的"破局思维"就是"准、快、狠"。这就是船长解决危机的思维方法。

核心素养导向的任务单元，既要突出所属学习任务群的特点，也要体现语文学习的一般规律。就这个思辨性阅读与表达任务单元而言，我们有这样三条教学建议。

一是要强化基础性。无论哪一个单元、哪一个任务群，都要重视语言文字的学习，在任务学习中落实识字学词、朗读讲述和词句段运用等基础性实践活动，夯实语文学习的基础。

二是要突出思辨性。第一，运用思维工具，打开思维暗箱。第二，发现思维方法，凭借关键问题逐层打开隐秘的思维过程。第三，关联生活问题，实现学以致用，像专家那样去思考问题、解决问题。

三是要注重情趣性。第一，有趣，学习活动要贴近学生的心理需要。思辨性阅读与表达的学习活动如果过于理性，就会显得很无趣。学习活动趣味盎然，学生的思维才会活跃。第二，有料，学生能学到有用的思维方法，这个思维方法对他的学习和生活有用，能够解决问题。第三，有挑战性，是真实而复杂的生活问题。本单元的"第三只眼""思维帽""破局思维"都是新鲜而有挑战性的，这样的语文课才能提升学生的思维能力，促进学生核心素养的发展。

单元语文要素的教学解读
——以统编教材三年级下册第七单元为例

一、解析语文要素的学理

统编教材三年级下册第七单元的语文要素是"了解课文是从哪几个方面把事物写清楚的",包含两层含义。一是了解课文是从哪几个方面写一个事物的,目的是通过阅读,从部分到整体,获得对一个事物的完整认识,提高认识能力。二是了解课文是怎么把事物的几个方面写清楚的,目的是通过阅读,从内容到形式,获取把事物特点写清楚的表达方法,提高表达能力。

在阅读中,学生了解了一个事物多方面的特点,就获得了关于事物构成的知识。教学的意义在于引导学生将积累的这些碎片化知识结构化,以形成对事物构成的认知结构。结构化的教学,可以通过以下两种方法实现。

一是建立概念,关于事物的概念是建立认知大厦的柱子,也是学生认识能力的生长点。比如,认识我们的世界,首先要建立"天空""大地"这两个概念,其次要建立"早晨""白天""傍晚""黑夜"以及"春""夏""秋""冬"等时间概念,不然就无法建立对事物的整体认知。在教学中,要抓住关键的概念,与学生的生活经验建立关联,以帮助学生形成清晰的认识。

二是构建思维导图,将事物与其组成部分的关系梳理成一幅结构图,以帮助学生形成对事物部分与整体的完整认知,避免盲人摸象。比如,在《我们奇妙的世界》一课的学习中，在"天空""大地"一级条目下，建立"一日四时""一年四季"二级条目，而后将"太阳""云彩""雨点""水洼""星星"等各种具体事物作为三级条目，织成一幅脉络清晰、层次分明的结构图。这样的阅读过程，就是构建思维导图的过程，锻炼的是思维品质，形成的是认识能力。当然，作为教师，我们还需要思考作者为何选择这几个方面来写，揣摩作者的特别用意，领会文本的主旨要义。

在阅读中，学生还要了解写清楚事物某个方面的方法，获得描写事物的写作知识。这需要将阅读的视角从认识事物转向了解写作方法，即从思想内容转向语言形式，指向语言表达。写作方法本身没有好坏之分，只有用得恰当与否。作者用这种写法而不用那种写法，最终是由表达效果决定的。能收到最佳表达效果的写法，就是最好的写法。好的写法可以让陌生的事物变得熟悉起来，或者让不可爱的事物变得有趣起来，从而让读者对这个事物产生浓厚的兴趣，并想进一步了解它。比如，夜空的美，若只用"群星闪烁"来表达就很抽象，而用"就像千千万万支极小的蜡烛在发光"这个比喻，就变得具体可感、生动有趣了。再如，火烧云看起来真的很美，而写起来真的很难。《火烧云》作者的高明之处，就在于将一个混沌的整体分成霞光、颜色和形态三个方面。写霞光用间接写的方法。写颜色用分类写的方法，单色、双色、比喻色一层一层写，颜色变化之多、之快让人神往。写形态则用连续写的方法，一匹马、几条狗、一头狮子，连续写了三种形态变化。更妙的是每一种形态均用分步写的方法，展现了"出现→样子→变化→消失"的变化过程，成了一幅活的画，怎么能不让人惊叹呢？

当然，作为教师，我们还需要进一步思考作者对事物特点的把握为何如此精准。可以发现，除了在日常生活中观察，还有借助技术的科学观察，比如《海底世界》中的观察；更重要的是充满文学想象的观察，比如《火烧云》，若剔除了想象，就会失去一半的美。

二、打开文本的缺口

文本是一个完美的整体，就像一个苹果，外表光滑无比，让蚂蚁无从下口。如果能够揭开一点儿苹果的皮，蚂蚁就能沿着这个缺口，尽情吮吸甜美的果汁。哲学家、史学家杜国庠先生的这个比喻告诉我们，对文本的教学解读，其实就是找到一个缺口，确定具有教学价值的教学内容。单元所设定的语文要素，就是打开文本缺口的一根针，只要将针用力往文本里"钻"，就一定能有所发现。三年级下册第七单元文本解读应该聚焦"写清事物的各个方面"这个关键点，那么，如何"钻"进去呢？

1. 还原事物本来的状态

我们从课文中读到的事物，是作者用语言艺术加工过的事物，与真实世界中的事物存在差异甚至矛盾。教学解读就是凭借自己的生活经验，将文本中事物本来的状态还原出来，把未经作者情感同化、未经假定的事物原生形态想象出来，再与文本中事物的艺术状态进行比较，看到差异或者矛盾。这样，就能发现语言表达所创造的艺术效果，就能触摸到运用语言的方法和技巧。比如，《童年的水墨画》中《林中》有这样一句诗："是谁一声欢叫把雨珠抖落，只见松林里一个个斗笠像蘑菇一样。"这句诗将采蘑菇的小孩子比作一个个蘑菇。我们不能笼统地说这个比喻十分巧妙，而应该通过还原小孩子采蘑菇的样子，发现其中的奥秘。小孩子再小，也比蘑菇大得多，怎么看都不像蘑菇。虽然这里的小孩子都戴着大大的斗笠，但近看也不像蘑菇。一定要远看，而且看到的是小孩子们戴着大斗笠蹲下身子采蘑菇的样子。这样才会在一刹那把采蘑菇的小孩子和他们采的蘑菇联系在一起，内心产生不可言喻的喜欢，感觉这个画面很可爱、很美妙。因此，诗人才有这样一个绝妙的比喻。未曾有过这种体验的人，是很难读懂诗人别致的语言和独特的心境的。

2. 回到学生水平的起点

教材中的课文都是文质兼美的范文，和学生的语文水平存在一定的"落差"。教学解读就是要把这个"落差"拉开、放大并呈现出来，从而创造学生语文能力发展的空间。读到文本中写得精彩的语段时，要停下来设想一下：这里如果由学生来写，可能会写成什么样子呢？哪些词句学生可能会遗漏？哪些写法学生可能想不到？这样的设想，就是对学生水平的一种复盘。再将学生的水平与文本加以比较，就不难找到教学的关键点。比如，《火烧云》中写"霞光"的一段文字，将霞光的美与文字的美融为一体，但是美在哪里，往往只可意会，不可言传。不妨设想，如果让学生来写"霞光"，绝大多数人就是用"五光十色""美丽极了"这样抽象的语言来空洞地赞美一下，而很少有人像作者那样借助被霞光照射的事物来写霞光色彩的神奇，更少有人像作者那样既用"××变成××"的句式一个一个叙述变化，又用对话的方式制造情境和意外惊喜：老头儿居然不知道自己的白胡子已经变成了金胡子。教学就是要使这些关键点让学生看得见，摸得着，学得会，用得熟。

3. 聚焦文本作者的"故意"

这个单元的文本中有些表述显得很特别，比如多次重复一个语句、该写的地方却略写甚至省略不写、大量使用对比等。这些特别之处其实是作者故意制造的，隐藏着作者的独特用意。揣摩出作者的匠心与用意，就能揭开这种"故意"背后的写作秘诀，让人有一种豁然开朗之感。比如，《海底世界》中写海里动物的活动方式时，先写海参的爬行之慢，再写梭子鱼的游动之快。很显然，一慢一快，故意这么安排，就是为了突出一个"趣"字。再往下，写乌贼和章鱼的"退"，与前面所写的"进"形成了对比；写贝类的靠别人动，与前面所写的靠自己动形成了有趣的对比。三层连环对比，妙趣横生。这样的构思，不但写清楚了，而且写生动了，值得我们借鉴、模仿。

4. 对比他人别样的表达

同一事物，看的人不同、角度不同、心情不同或者知识背景不同，看到的样态就不同，写下来的文字自然也千差万别。课文中所呈现的，仅仅是一种表达。如果将他人的文字拿来比较，就可以对比出课文的特别之处。

一是同一事物不同文体的表达差异。比如火烧云，《现代汉语词典》中是这么表述的："日出或日落时出现的红霞。"这是一种说明性表述，客观、准确而理性。而《火烧云》中是这么描述的："天上的云从西边一直烧到东边，红彤彤的，好像是天空着了火。"这是一段描写性表述，主观、形象而感性，带着一种欣喜和赞叹，一下子就激活了读者的画面感，吸引了读者的眼球。

二是同一事物不同作者的表达差异。同样是描写，不同的作者写法不同。比如火烧云的颜色，《北大荒的秋天》中是这么描写的："这些流云在落日的映照下，转眼间变成一道银灰、一道橘黄、一道血红、一道绛紫，就像是美丽的仙女在空中抖动着五彩斑斓的锦缎。"显然，《火烧云》中所写的火烧云色彩更丰富，更有变化，更富有视觉冲击力。可见，没有对比，就没有发现。

三、定位课文的功能

文本有记载事件、认知事物、交流信息、表达思想、涵养性情、与人交际和传承文化等多重功能。文本一旦入选语文教材，就成为语文课程内容的载体，具有教学功能。从教学内容的角度进行教学解读，重新审视教材选文的教学价值和教学功能，对选文进行课程化设计，在文本中呈现确定的教学内容，将选文变成"课文"，就可以达到"教语文"就是"教课文"的理想境界。根据文本潜在的教学功能，我们将文本分为三类。

1. 定篇

定篇是指教材中规定的经典语篇。语文教学任务之一是选择文质兼美的经典文本，让学生"细嚼慢咽"，从中学习读与写的方法、策略，并将经典的语言文字连同丰富的思想感情通过诵读、品味积淀下来，打下语文学习的底子。这样的经典文本不要多，而要学"透"。比如，可以从多个角度，如词语积累、语句品析、朗读复述和写作构思等，去学习《火烧云》这篇课文。一个角度打开文本的一个缺口，学生就能见识到经典的一个侧面，将多个侧面叠加起来，就可以获得对经典完整而深入的领悟。定篇的功能在于提升阅读品质，定篇需要"一文多次教"，讲究一个"慢"字。

2. 类篇

类篇是指按照文本类型重组的单元语篇。定篇指向单篇内部的语文要素，而类篇指向同类文本共有的语文要素。比如，第七单元编排了《我们奇妙的世界》《海底世界》《火烧云》三篇课文，每篇课文都是语文要素的一个例子，适宜深入比较阅读。类篇可以让我们在规定时间内教学多个文本，阅读量大但用时短，可以锻炼学生的阅读速度，让学生学到在单篇教学中学不到的阅读方法与策略。没有大量的类篇阅读，学生的语文能力就难以充分发展。类篇的功能在于提升阅读技能、扩展阅读视野，类篇需要"多文一次教"，讲究一个"熟"字。

3. 用篇

用篇是指为完成任务而选择使用的语篇，或用其中的观点，或用其中的事实，或用其中的表达方式等。用篇不局限于连续性文本，还包括非连续性文本，甚至包括非文本的音像视频。用篇中的文本或非文本，都被视作解决问题的语文课程资源，具有极大的开放性。每个学生都可以根据自己的需要，选择合适的文本资源。语文能力是在复杂的、不确定的问题情境中锻炼出来的。用篇的功能在于解决问题、生长智能，用篇"无文而教"，讲究一个"用"字。比如，学习《海底世界》时，可以设计一个"海底旅行"的导游任务，让学生模拟海底旅行，练习做导游，在实践运用中实现课文的内化。这样的任务学习，是对教材文本的创造性运用。

从"要素"到"能力"的活动转化
——以《风娃娃》的教学设计为例

温儒敏先生说，统编教材专治"不读书、读书少"的病根，既要提高学生的读写能力，又要培养学生的读书习惯。统编教材采用人文主题与语文要素双线并进的编排思路，凸显语文要素，试图通过单元课文的次第教学，将语文要素转化成学生的语文能力。低年级教材在原有"汉语拼音""识字""课文""语文园地"的基础上，增设了"口语交际""和大人一起读""快乐读书吧"等栏目，从起步阶段就凸显"读书"要旨。就一篇具体的课文而言，既要聚焦本单元的语文要素，又要巩固前面单元的语文要素，结合课文潜在的教学资源，围绕语文要素选择适宜的教学内容，将其统整为板块式的言语活动，在活动中逐步实现语文要素向语文能力的转化。我以二年级上册《风娃娃》一课为例，以语文要素为内核，设置了三个言语活动板块，以寻找"转化"的路径。

一、设计"小先生"认读活动板块

识字是阅读的基础。教材中每篇课文都承担着识字的任务，有的课文中含有十多个生字，其中不乏易读错、难书写的生字。这些生字一般都注有拼音，因而在学生熟练掌握汉语拼音之后，应当要求学生借助拼音自主识字，让学生逐渐形成独立识字的能力和习惯。识字教学应把握三个要义。一是要体现"由个到类"。根据汉字的构造规律，引导学生凭借熟字认读生字，并进行归类，形成字串或者词串，便于识记与运用，切勿识一个扔一个。二是要体现"从扶到放"。将重心从"教"逐步转移到"查"，检查学生对生字词的预习状况、自学程度，重点指导难读难写的字，切勿不分难易地逐个捋一遍。三是要体现"个别指导"。对学习困难的学生，教师在课堂上要舍得花时间及时矫正读音、现场传授方法，提高学生的识字能力，切勿忽视学生之间的差异，从而遮蔽学困生的识字障碍，使他们输在阅读的起点上。

《风娃娃》在二年级上册最后一个单元，编者没有全文注音，只在附录的识字表、写字表中标注生字的拼音。因此，我们要提示学生，预习生字时，要勤于查阅书后面的识字表或写字表。对难读难记的生字，可以多读几遍，也可以在课文中加注拼音，以免遗忘或错读。在此基础上，我设计了以下两个认读活动。

1."跟我读"

学生预习后有了基础，教学就应该在这个基础上展开，而不应该从零开始。我逐一出示生字，让学生轮流做"小先生"：读一读生字，组一组词语。比如"助"字，可以这么教：助，"帮助"的"助"，"助人为乐"的"助"。其他学生认真倾听，然后跟着读。如果"小先生"读错了音或者用错了字，其他学生就可以当"小先生"，及时进行矫正、补充。学习金字塔原理告诉我们，最有效的学习应当是"教别人"以及"实践运用"。试想，一个学生能把生字读正确，能用字组词，还能教别人读生字、组词语，这不正是识字能力的体现吗？与跟老师读相比，跟同学读更能激发学生的责任感和自信心。这会倒逼他们预习时更加认真、扎实，克服敷衍了事的应付心理。

2."读得像"

《风娃娃》一文中出现了两个由生字组成的象声词"哗啦哗啦""嗨哟嗨哟"。我采用"小先生"赛一赛的办法，挑动学生"斗"学生：象声词，象声词，看谁读得像（这个声音）？

第一步：想一想这是什么声音，模仿这个声音读。比如"哗啦哗啦"，有的学生说，这是下大雨的声音，"哗啦——哗啦——"，"啦"字要拖长声音，才能读出气势；有的学生说，这是流水的声音，"哗啦哗啦"，前后要紧凑，才能读出水流得快、流得急的样子；有的学生说，这是划船的声音，"哗啦，哗啦"，中间要有停顿，才能读出划桨的节奏。同样一个象声词，有多种读法，可以模拟不同事物发出的声响。这样想一想、读一读，就把象声词读"形象"了。而对"嗨哟嗨哟"，很多学生比较陌生。我让学生现场模拟喊号子的声音："加油干啊！嗨哟！往上抬啊！嗨哟！加把劲啊！嗨哟！"学生发现，要使劲，重音就要落在"嗨"字上，"哟"字就要短促，不然就使不上劲。不现场演一演，学生是很难有这样真切的体会的。

第二步：把句子读得有声有色。让学生阅读课文中含有这两个象声词的句子，并比一比谁能读得有声有色。第一句："抽上来的水奔跑着，哗啦哗啦地向田里流去。"我让学生想一想水流得怎么样。有的学生说流得快，有的学生说流得急，有的学生说流得很欢乐。这一想，就想象出了流水的形象，朗读时"哗啦哗啦"的声音就有了相应的变化：语速要略快、声音要略高、语气要上扬。这样的变化一个一个叠加后，学生的朗读就一次比一次进步。教学就是要看到学生的变化，而学生的变化来自新方法的介入。有感情地朗读，仅仅依靠模仿是不够的，还应该让学生通过自己的努力领悟到"有声有色"背后的依据和方法。要知其然，更要知其所以然。当学生明了为何要这么读的时候，朗读能力才能真正生长起来。第二句："他们（船工们）弯着腰，流着汗，'嗨哟，嗨哟'喊着号子，可是船却走得很慢很慢。"有了第一句的朗读经验，学生就可以想象出船工们的形象：用力拉、拉得累、拉得慢。"嗨哟，嗨哟"的号子，就能读得更有节奏感和形象感，"有声有色"就会有着落。

二、设置"台阶式"复述活动板块

根据提示讲故事，是《风娃娃》这一课设定的语文要素。课后习题中有三句提示语——"风娃娃来到田野""风娃娃来到河边""风娃娃来到广场"。这提示的是故事发生的三个地点。这三个地点发生的故事，该怎么讲？是按照课文一字不漏地讲，还是抓住主要内容简要地讲？是重在讲完整，还是重在讲连贯，抑或是重在讲生动？我们需要根据年级目标以及学生的需要确定目标定位。上一个单元的"语文园地"中，设计了一个"写话"活动："看看下面这幅图，小老鼠在干什么？电脑屏幕上突然出现了谁？接下来会怎样？"我据此判断，学生已经初步了解了叙事的基本方法，知道如何运用"接下来……"的策略一步一步地叙述故事。二年级学生在叙述故事时往往会出现"跳跃"，前后衔接不紧密、不连贯，因此教学的落脚点就在"故事前后的衔接"上。

比如，《风娃娃》第二自然段讲了风娃娃帮助大风车的故事。让学生在讲述前先罗列出主要人物——风娃娃、大风车、秧苗，再梳理出故事的结构：风娃娃来到哪里，看见大风车在干什么，他怎么帮忙，风车怎么样，抽上来的水怎么样，秧苗怎么样。其中，描述大风车在干什么，需要抓住两个关键词语——"慢慢转动""抽上来的水断断续续地流着"。三个"怎么样"是风娃娃帮忙后的结果，讲述时需要把握三者之间的因果关系。罗列出主要人物，有利于把握故事的主要内容并讲完整；梳理出故事的结构，有利于有条理地讲连贯。有了这样的学情分析，就可以设置系列活动，引导学生一个台阶一个台阶地往上攀登。

台阶一：读得熟

在读得有声有色的基础上，要求学生读熟练、读流利，且有一定的速度。我设计了一个限时快读活动：在三分钟内连续快读第二自然段，比一比谁读得又对又快。教学实践证明，一般学生都能在三分钟内连续快读五遍以上。指读、拖着调子读等朗读习惯，都能在快速朗读中逐渐改掉。快速朗读课文，是形成默读能力的一个"前哨战"。

台阶二：记得住

读得熟并不一定记得住，记不住也就讲不出。要记住故事的主要内容，学生就需要提取故事中的关键词句，并能形成它们之间的联结，从而形成一幅故事地图。我逐步出示提示性语句："风娃娃来到＿＿＿＿，看见一架大风车＿＿＿＿。他＿＿＿＿，鼓起腮使劲向风车吹去。风车＿＿＿＿！抽上来的水＿＿＿＿。秧苗＿＿＿＿。"要完成这样的填空练习，学生只需要想一想、画一画（重要的词句）、记一记，便可以有效地培养边读边记的能力。需要注意的是，填空题涉及的范围不宜过大，因为学生很难一下子把握多个关键词句。

台阶三：讲得顺

讲故事不是背课文，背诵的心理基础是记忆，而讲述的心理基础是思维，即根据故事的要点（人物及其关系），将其扩展成连贯的语段（语句及其关系）。学生讲故事时，脑海中出现的是故事的要点和结构，口中发出的是连贯的语句，其间需要一个内部语言向外部语言转化的过程。我设计了一个根据故事结构讲故事的活动，意在让学生从生疏到熟练、从断续到连贯。教学实践证明，练习的时间必须充分，这样学生才能讲得顺畅，讲得有自信。

台阶四：练得透

在学生能够顺畅地讲述第 2 自然段的故事之后，我设计了四次讲故事练习：帮助船工们拉船、吹跑孩子们的风筝、吹跑人们晾晒的衣服、折断路边新栽的小树。学生熟读课文后，让他们依照我出示的故事结构练习讲故事。其中"吹跑人们晾晒的衣服""折断路边新栽的小树"两个故事，课文中略去了过程。我要求学生将这两个故事扩展成两个完整的故事，学生即时想象补充，讲得有声有色："风娃娃来到居民小区，看见人们都在晾晒衣服。他赶紧跑过去，使劲吹了一口气。谁知，那些晾晒的衣服一下子被刮到了树枝上，有的还被吹到了屋顶上。人们纷纷责怪风娃娃：'哪里刮来的风？真可恶！'"在这样的反复练习中，学生渐渐熟练掌握了故事的结构。语言的学习，贵在熟能生巧。讲得不多，练得不透，再美的语言、再巧的结构，也难以转化为学生自身的言语能力。

台阶五：用得活

讲完课文中的故事后，我又设计了四幅图——农夫锄地、蒲公英旅行、风力发电机、城市大雾，让学生根据它们创编风娃娃的故事。不用教，学生自然就会根据故事结构图，将图中的内容"移植"到故事里。请看学生创编的故事："风娃娃来到农田里，看见农民伯伯们正在弯腰锄草，热得满头大汗。他赶紧跑过去，轻轻地吹了几口气。顿时，农民伯伯们感觉一阵凉风吹来，爽快极了。他们连连说：'舒服，真舒服！'"事实证明，经过五次讲故事练习后，学生便能独立讲述类似的故事，而且越来越富有创造性，语言也越来越生动。这时候的讲述，已经成为学生的一种创作，体现了学生的语言创造力。这，才是语文教学的目的所在。

三、设想"劝慰型"体验活动板块

《风娃娃》这篇课文的人文主题是"学会相处"。风娃娃很想帮助别人，但有时帮了倒忙，被别人责怪后，他再也不敢去帮忙了。尽管课文结尾借用风妈妈的话，告诉学生一个如何做事的道理——"做事情光有好的愿望还不行，还要看是不是真的对别人有用"，但是学生依然不知如何与人相处。原因在于，课文告诉我们的道理，没有和学生的生活经验发生关联，没有触及学生真实生活中的问题和相似的处境，停留在学生的认知层面，而没有进入实践层面。即使要将它应用到生活实践中，也常常是让学生联系生活，谈谈遇到这样的事情自己会怎么做。这样的做法还是停留在理性思考上，不能考查学生与人交往的能力。

我曾先后设计过三个活动。第一个是组织学生讨论风娃娃做同样的事情，为什么有的人感谢他，有的人却责怪他。设计这个活动的意图是让学生理解"要做对别人有帮助的事"。第二个是组织学生辩论风娃娃究竟是好孩子还是坏孩子。设计这个活动的意图是让学生有理有据地发表观点，并懂得如何做人、如何做事。这个活动似乎比第一个活动更开放，内涵更丰富。第三个是组织学生讨论自己是否喜欢跟风娃娃做朋友。设计这个活动的意图是让学生学会如何看待别人的缺点、如何与人相处。这个活动似乎比第二个活动更聚焦，更贴近这个单元的"学会相处"主题。但是细细想来，这三个活动都是教师设计的，是"纸上谈兵"，尚未实现真实的学习。要实现真实的学习，我们就需要设计仿真或者真实的问题情境，让学生不由自主地卷入其中，在角色扮演中真实地表达内心的想法，从中体验做人做事的道理，实现人生经验和语文经验的双重积累。

基于上述思考，我设计了第四个教学活动："作为风娃娃的朋友，你看到他在天上徘徊，再也不敢去帮助别人，你该怎么安慰他、开导他、劝告他呢？小组同学讨论，然后班级交流。"这个活动，设置了一个仿真的语境，布置了一个真实的任务：劝慰朋友。这与生活中学生面临的真实问题是一致的。比如，自己的好朋友做错了事，被老师批评后非常伤心。这时候，你该怎样去劝慰他呢？这就将课文的人文主题创设成了一个口语交际活动。学生在生活经验的基础上，总结提炼出劝慰的三个法宝：表扬（肯定愿望和所做的好事）、批评（指出错误和帮的倒忙）、提出建议（提出意见、表明自己的态度）。如果可能的话，还可以组织情境表演：教师可以扮演风娃娃，学生可以扮演他的朋友，师生现场演一演，比一比哪个朋友最能打动风娃娃。这样的课堂才富有挑战性，才会催生学生的言语智慧，锻炼学生的言语品格。

为了实现从语文要素到语文能力的转化，我们可以设计出无数种活动。但所有活动都要遵循语文能力在言语实践中生成与发展的基本规律，在语境创设、任务选择、台阶铺设、过程展开、节奏调控等方面经得起推敲。只有这样，才能真正实现语文要素向语文能力的转化。

"藏"起来的情思
——统编教材四年级下册散文单元教学要义

小学语文教材中的散文，是指除诗歌、小说、戏剧之外的现代文学作品。统编教材四年级下册中编排了两个散文单元：第一单元是写景类散文，包括《乡下人家》《天窗》《三月桃花水》；第四单元是状物类散文，包括《猫》《母鸡》《白鹅》。这些散文所写的人、事、景、物，似乎一读就能懂，并不难；难的是读懂隐藏在这些人、事、景、物背后的思想感情。读者若不下一番"体会"的功夫，就很可能对其视而不见、察而不觉，白白浪费了作者的苦心。

一、把握散文的含蓄之美

中国文化崇尚含蓄，比如想说"很想你"，不直接说，而说"一日不见，如隔三秋"；想问"文章合不合主考大人的意"，不直接问，而问"妆罢低声问夫婿，画眉深浅入时无"（朱庆馀《闺意》）。司空图在《二十四诗品·含蓄》中以"不著一字，尽得风流"来评说诗歌的含蓄之美。刘勰在《文心雕龙·隐秀第四十》中说："隐也者，文外之重旨者也；秀也者，篇中之独拔者也。隐以复意为工，秀以卓绝为巧，斯乃旧章之懿绩，才情之嘉会也。"意思是，将情思"藏"起来而不直接写出来，才是美文；"藏"得越深，"藏"得越巧，"藏"得越是不露痕迹，文章就越有艺术魅力。朱自清先生把自己对时光匆匆而逝的惋惜与焦虑之情，"藏"在一滴水里："在默默里算着，八千多日子已经从我手中溜去，像针尖上一滴水滴在大海里，我的日子滴在时间的流里，没有声音，也没有影子。"（《匆匆》）这，便是中国现代散文的含蓄之美。

从写作的角度来说，散文含蓄，思想感情"藏"得深，往往体现了作者的表达功力；从阅读的角度来看，散文越含蓄越难读懂，思想感情"藏"得越深越是需要读者的揣摩能力。那么，思想感情究竟"藏"在哪里？作者是怎样将思想感情"藏"起来的呢？

1. "藏"在文本的语词里

有时作者没有将情思"藏"起来，而是直接在文中表露出来。比如，《乡下人家》中"青、红的瓜，碧绿的藤和叶，构成了一道别有风趣的装饰，比那高楼门前蹲着一对石狮子或是竖着两根大旗杆，可爱多了"，其中"别有风趣""可爱多了"等语词带有感情色彩，是作者对瓜架之美的一种评价，直接表明了作者的欣赏与赞美情感，读者一读就能感受到。

而作者"藏"起来的情思，则需要读者用心揣摩，才能品味到。比如，《乡下人家》中"几场春雨过后，到那里走走，你常常会看见许多鲜嫩的笋，成群地从土里探出头来"。这里的"探"字，运用了拟人的手法，将春笋写成了一群活泼、顽皮的孩童，作者的喜爱之情蕴藏其中。再如，《乡下人家》中"他们把桌椅饭菜搬到门前，天高地阔地吃起来"。"天高地阔"本是形容天地之高远与广阔，却被用来描述乡下人吃饭时的场景。"大词小用"既让人有一种新鲜感，又让人浮想联翩，写出了乡下人在户外吃饭时那种边吃边聊、粗犷不羁、惬意自得的表情，以及他们身上洋溢着的满足与幸福，而作者那种恬淡而欣喜的情思就隐藏在其中。

2. "藏"在人、事、景、物的形象里

散文中所写的人、事、景、物，是作者眼中的人、事、景、物，而非

客观世界中的人、事、景、物，也非读者眼中的人、事、景、物，带有作者的主观态度与情感倾向，因而常常是"变形"的。比如，老舍先生看到自家的猫在稿纸上踩了几个脚印，居然说这些脚印像"几朵小梅花"。猫的脚印是脏的、丑的，小梅花是纯洁的、美的。这样的"变形"是由作者的情感催化的，因为作者太喜欢自家的猫了，所以连猫的脏脚印都觉得是美的。再如，茅盾先生写自己小时候从天窗看见"雨脚在那里卜落卜落跳"，看见"带子似的闪电一瞥"。在一般人眼里，雷雨和闪电是可怕的；然而在作者眼里，雷雨和闪电却像淘气而机灵的小精灵，好玩极了，好看极了。这是因为作者将内心的情感投射到了所写的事物上，所以雨滴溅起的水花跳起了舞，闪电迸发的火花闪动着眸，寻常的事物顿时变得情趣盎然。

3. "藏"在篇章结构里

如果说情思"藏"在语词里是"小隐"，"藏"在人、事、景、物的形象里是"中隐"，那么"藏"在篇章结构里则是"大隐"。散文作者故意制造独特的篇章结构，往往是为了隐藏情思。写猫照理一般先写小猫满月的时候，再写小猫长大的时候。老舍先生却颠倒顺序写，在《猫》里，他一开始写长大后的猫性格古怪，似乎不讨人喜欢：既老实又贪玩，既贪玩又尽职，既温柔可亲又冷漠无情，既胆小又勇猛。然而，我们仔细辨别一下就会发现，猫的优点与缺点在作者眼里同样可爱，一只有缺点的猫在作者眼里显得更可爱。此时，你才明白老舍先生如此构思的用意。猫是可爱的，无论小时候还是长大后。明明很可爱，却偏偏说不可爱，这样的写法就是正话反说。就像父母对孩子的嗔怒："你这个傻孩子……"话里是"傻"，话外是"爱"。这样的写法在《母鸡》一文中不但"用足"了，而且"升级"了。文章开头，老舍先生一反常态，用了足足三个语段一层一层写尽了母鸡的"恶行"，直言"一向讨厌母鸡"。这与一般人对母鸡的认知与态度截然相反。作者为何这样构思？为的是赞扬母鸡成为"母亲"后表现出来的"美德"：负责、慈爱、勇敢、辛苦。先抑后扬，鲜明的对比手法烘托出母鸡作为"母亲"的伟大形象，生动诠释了"一个母亲必定就是一位英雄"的思想内涵。这样的对比手法，丰子恺先生也运用自如。《白鹅》一文，不写白鹅的美丽，专写白鹅的"高傲"——作者将它当成人来看待。写鹅的叫声，拿狗做对比；写鹅的步态，拿鸭做对比；写鹅的吃相，拿人做对比，称它为"鹅老爷"，浓墨重彩地描写人"侍候"鹅的场面。在妙趣横生的描述中，作者那种明里揶揄却暗自欢喜的神情，让你一想就要发笑。

有人说，情思"藏"在语词里，反映了作者的语言功夫；情思"藏"在人、事、景、物的形象里，反映了作者的语言技巧与功底；情思"藏"在篇章结构里，则反映了作者驾驭章法的水准。阅读散文，就是要把握散文含蓄的美学特征，打开深藏情思的缺口，这样才能真正披文入情。

二、着眼于阅读的体会之力

散文中的思想感情往往被作者有意隐藏起来，所以阅读时必须用心体会。思想是理性的认知，可以通过逻辑分析而渐渐清晰明朗；感情是感性的体认，常常只可意会而无法言传，更何况感情往往是无理而妙。散文中的感情，是作者的"私情"，有可能是读者无法理解、无法想象的。比如，白鹤、朱鹭或苍鹭，在一般人看来各有各的美，而在郭沫若先生看来都没有白鹭美，他在《白鹭》一文中写道："增之一分则嫌长，减之一分则嫌短，素之一忽则嫌白，黛之一忽则嫌黑。"绝对的美，背后是至深的情，正所谓"情人眼里出西施"，无理而美，无理而妙。抓住这一点来体会，我们才能读到作者藏在语言文字背后的"私情"。

1. 抓住关键词句，领会作者的情思

散文中的情思，常常凝聚在一些特别的词句中，抓住这些"文眼"，往往就能准确领会作者的思想感情。散文中的三类语句尤其重要。

第一类是议论的语句。作者在描写人、事、景、物的过程中往往会站出来"说话"，直接表达自己的意见和看法，甚至直接表露自己的爱恨喜怒。比如，《乡下人家》最后一段："乡下人家，不论什么时候，不论什么季节，都有一道独特、迷人的风景。"抓住这个"文眼"，我们自然就可以领会作者对乡下人家的喜爱与赞美之情。

第二类是反复的语句。反复是诗歌中常用的抒情方式，散文中反复出现的语句往往是作者情思的凝聚点。比如，《天窗》中两次出现"这时候，小小的天窗（又）是你唯一的慰藉"。这个句子是抽象的，所以每次出现后，作者都用一个语段具体描述透过这个天窗看到和想到的美妙事物与景象，揭示了天窗带给孩子们的乐趣，也揭示了天窗对孩子们成长的意义。

第三类是比喻的语句。作者将自己的情思"藏"在所比喻的事物中，抓住所比喻事物的形象特征和感情色彩，我们就能领会作者的情思所在。比如，《三月桃花水》将桃花水的声音比作"一串小铃铛"，将桃花水的光芒比作"一匹明洁的丝绸"，将三月的桃花水比作"春天的竖琴""春天的明镜"。透过这些美好的事物，我们就能领会作者对桃花水的喜爱和赞美之情。

2. 联通多种感官，触摸作者的情思

体会，顾名思义，就是要用整个身心去感受与领会。人的多种感官可以通过"心思"而相互联通，产生奇妙的通感。阅读散文时，如果借助语言文字激活多种感官，就可以获得立体的感受。比如，朗读可以将文字转换成声音，让人通过听觉感受到文中描摹的声音、人物对话的语气、作

者言语的腔调。朗读时还可以通过声音的抑扬顿挫传达出作者"藏"在字里行间的情感，让人一听就受到感染，从而无须讲解分析；如果配上和散文所表达情感一致的音乐，则更能将文中"藏"着的情思催发出来，使人产生情感共鸣。再进一步，如果呈现和散文所写人、事、景、物一致的画面，作者"藏"在字里行间的情思便能"声情并茂"地荡漾在读者心间。阅读《乡下人家》《三月桃花水》等文章时，可以用朗读、配乐朗读加画面映衬的方式，让学生在多种感官的参与中触摸作者或浓或淡的情思。

3. 借助角色代入，体验作者的情思

散文是作者戴着"有色"眼镜看周遭世界中人、事、景、物的成果。阅读时不妨将自己代入文本中，站在作者的视角去看、去想，就能获得设身处地的现场感、情境感。比如，阅读《天窗》时，如果你从未在黑洞洞的屋子里待过，就难以体会那种无聊、寂寞、憋闷，甚至由黑暗带来的恐惧，就难以体验那一方小小的天窗所带来的快乐和希冀，更难以体察一个孩子在黑暗中被这方天窗所激发出来的丰富想象力和蓬勃生命力。从这个角度来说，散文可以丰富一个人的生活经验和情感世界，使他见识到自己未曾经历过的"活法"与未曾有过的"想法"。

三、遵循教学的移情之道

统编教材四年级下册第一单元提出"抓住关键语句，初步体会课文表达的思想感情"，指向体会作者表达了什么情思，落在"思想感情"上，侧重揣摩作者"藏"起来的情思；第四单元提出"体会作家是如何表达对动物的感情的"，指向体会作者是如何表达情思的，落在"写作方法"上，侧重揣摩作者"藏"情思的艺术。无论是体会表达的情思还是体会情思的表达，都要遵循散文教学的基本规律，那就是移情。体会表达的情

思，就是将作者的情思"移植"到读者的内心中；体会情思的表达，就是将作者的写法迁移到读者的笔下。散文教学要设计移情的支架，让学生在具体的情境任务中提升自己的感受力和理解力。

1. 绘图

阅读散文，不妨从篇章结构入手，抓住情思那根线，将散落的人、事、景、物串起来，绘一幅情思地图。比如，《乡下人家》紧扣"一道独特、迷人的风景"这根主线，将乡下人家房前屋后的人、事、景、物绘成五幅图：屋前的瓜架、门前的花地和屋后的竹林、地上的鸡和河里的鸭、夏日的露天晚餐、秋夜的虫鸣。可以让学生为每一幅图写一个抒情的句子，可以从文中摘录，也可以自己写作。比如"构成了一道别有风趣的装饰""显出了一派独特的农家风光""绘成了一幅自然、和谐的田园风景画"……学生绘就这样一幅图文并茂的情思地图，就能体会到作者的思想感情。缺少了情思地图这个学习支架，学生就难以建构散文阅读的认知结构。

2. 品词

散文中的情思，往往"藏"在那些特别的语词中。散文教学就是要锻炼学生的语言敏感力，让学生静下心来读一读、品一品那些富有感情色彩、表现力或者新鲜感的语词，从语词的表层读到语词的里层，品咂出其中的情趣、意味，读出言外之意、句中之情。比如，丰子恺先生的《白鹅》写鹅的叫声，用了"严肃郑重""厉声呵斥""厉声叫嚣""引吭大叫"等语词，让人不由得联想到一个形象——母老虎；写鹅的步态，用了"步调从容""大模大样""傲然站着""毫不相让"等语词，让人不由得联想到一个形象——大人物；写鹅的吃相，用了"三眼一板""一丝不苟""从容不迫""昂首大叫"等语词,鹅俨然被写成了一个活生生的"鹅老爷"。同样一只鹅,作者用不同的词串勾勒出了不同的性情。细细品读、想象、比较,你就能领会到其中的情趣与意味。

3. 还原

散文中所写的人、事、景、物和我们在客观世界中看到的不一样,其差异就是作者情思折射的结果。如果我们将作者笔下的人、事、景、物还原成客观的人、事、景、物,并加以比照,就可以清晰"看见"隐藏的感情色彩。比如,《猫》的作者将猫踩在稿纸上的脚印写成了"小梅花";《天窗》的作者将雨点溅起水花写成了"雨脚在那里卜落卜落跳",将可怕的闪电写成了"带子似的闪电一瞥"……如果将作者笔下的"小梅花""雨脚""带子似的闪电"还原成现实生活中猫的脚印、水花、闪电,剥去感情的外衣,它们就变得寻常了,不美了。这样还原、比照,才能让散文中的人、事、景、物显示独特的光彩,才能让其中的感情色彩显露出来。

4. 仿写

许荣哲先生说,要学会读小说,最好的办法是学会写小说。在写小说的过程中,你自然就能发现构思小说的种种诀窍。此后无论多么复杂的小说,读起来都会变得通透起来,其中的构思技巧不再神秘。读小说是这样,读散文也是这样,读任何文体都是这样。会写的人,可以读到别人读不到的东西,那就是表达的艺术;而领会了表达的艺术,你对文本的理解与领会就会更深一层,就可以看到作者深藏的写作意图。让学生仿照课文中的写法练一练、写一写,或许学生对文本的理解和感受就会更加深入、细腻。比如,仿照《乡下人家》描写中加入议论的写法,写一段"城市人家"；仿照《猫》的反语写法，写一写"吝啬而又大方"的奶奶；仿照《母鸡》的对比写法，写一写考试前后学生对老师态度的变化；仿照《白鹅》的拟人写法，尝试将一段读来索然无味的动物描写，修改得生动有趣。这样的仿写活动能实现从读到写、从写到读的深度迁移。

在阅读中亲近鲁迅
——人物主题单元的教学解读

统编小学语文教材采取人文主题与语文要素双线并进的编排思路，普通单元围绕一个人文主题选编课文，聚焦一个语文要素设计学习活动。其中，六年级上册第八单元是人物主题单元，共选编了四篇文章：两篇鲁迅的文章，包括小说《少年闰土》与散文《好的故事》；两篇写鲁迅的文章，包括周晔的《我的伯父鲁迅先生》与臧克家的《有的人——纪念鲁迅有感》。人物主题单元旨在让学生通过单元学习认识鲁迅、亲近鲁迅，进而在未来的学习和生活中，主动阅读鲁迅的作品，真正读懂作品背后的鲁迅。

一、人物单元的育人路径

1. 鲁迅，孩子们也需要阅读

钱理群先生认为，鲁迅不是一般的文学家，而是具有原创性的、民族思想源泉性的思想家和文学家。对任何一个民族来说，这样的作家都不多，英国的莎士比亚、俄国的托尔斯泰和德国的歌德等，都是国家和民族的精神源泉。人们从小就阅读他们的作品，从中受到人生的启迪，获得文学的灵感，汲取精神的力量。鲁迅，也值得年少的人阅读。有人说"少不读鲁迅"，却不知少年最需要的是为精神打底。年少时，不能只读快餐书，需要耐下性子读一点儿经典书。鲁迅的思想可以跨越时空，照亮黑暗的时代，唤醒沉睡的心灵。越是身处逆境，越是满目疮痍，就越是需要鲁迅，因为他是民族之魂。

2. 厘清与鲁迅的距离

当我们把鲁迅当成"伟大的文学家、思想家、革命家"时，鲁迅就离我们很远，他虽可敬，却不可亲，也不可爱。有人说，语文有"三怕"：一怕写作文，二怕文言文，三怕周树人。试问：我们与鲁迅究竟有多远？

一是时代的距离。鲁迅生于1881年，距今有一百多年。然而，在这一百多年里，中华民族经历了站起来、富起来到强起来的沧桑巨变。我们现在回望那段风雨飘摇的历史，犹如孙辈回忆祖父、曾祖父甚至曾曾祖父的年代，很难感同身受。代沟，让鲁迅变得有些模糊。

二是思想的距离。鲁迅曾说："我的确时时解剖别人，然而更多的是更无情面地解剖我自己，发表一点，酷爱温暖的人物已经觉得冷酷了，如果全露出我的血肉来，末路正不知要到怎样。我有时也想就此驱除旁人，到那时还不唾弃我的，即使是枭蛇鬼怪，也是我的朋友，这才真是我的朋友。"（《写在〈坟〉后面》）他的思想就像一把匕首，直抵人性与社会的痛点和盲点，让人不敢直视。深刻，让鲁迅变得有些陌生。

三是语言的距离。鲁迅是中国白话文学创作的开创者之一，他的作品中用语有很多"不规范"和"不通顺"之处，读起来比较生涩、拗口。比如，《好的故事》中很多语段白话中夹杂着文言、方言，造成了阅读时的阻塞。硬拗，让鲁迅变得有些疏远。

3. 以书为媒，以文见人

阅读鲁迅，就是要以书为媒，跨越我们与鲁迅之间的思想鸿沟，重建"美的距离"，让鲁迅成为我们成长道路上可亲可敬又可爱的师长、榜样与伙伴。

一要以文近人。鲁迅的作品大多是"冷"的，甚至是"重"的。可以选择那些"暖"的，甚至"诙谐"的、"自嘲"的作品，让学生先读起来。比如，小说《故乡》的基调是"阴沉"的，而选文《少年闰土》的基调却是"明朗"的，那个英武的少年形象会让学生怦然心动；少爷、闰土和学生自己三个少年世界的比照，又会让学生产生多少感慨与遐想！阅读这样的文章，你可以看到另一个鲁迅，一个学生可以亲近的鲁迅。

二要因文见人。鲁迅的作品大多是"深"的，甚至是"难"的。可以用最简单的方式，让学生从文本阅读入手，在朗读、品味语言的过程中，感受鲁迅作品的情感之美、思想之美、文字之美，获得精神的丰富与情感的共鸣，既遇见鲁迅，又看见自己。唯有抛开"三家论"（文学家、思想家、革命家），摒弃对思想与技巧的双重分析，不贴标签，不用术语，不喊口号，才能在纯粹的阅读中遇见鲁迅的美好。《好的故事》选自散文集《野草》，写的是作者歇息片刻时的一段恍惚的梦境：美丽，幽雅，有趣。这种一刹那的情趣体验，一分析就破碎了，就消散了，就失去了独有的滋味。不如让学生用心、用力、用情朗读，直至将生涩拗口的词句读到纯熟顺口。只有读熟了，学生才能体味到鲁迅所向往的生活世界，才能领悟到现实与鲁迅的理想的反差，才能看清画面背后的鲁迅这个人。

二、语文要素的教学落点

本单元的阅读要素是"借助相关资料，理解课文主要内容"。借助资料是手段，理解内容是目的，旨在培养学生的参读能力。参读是鲁迅总结的学人常用的读书方法，就是参互读、交叉读。鲁迅在阅读某篇文章时，常常参考作者的传记、书信、日记以及其他文章，以便了解作者的时代背景、生活处境和真实思想，从而加深对文章的理解。常言道："事不孤起，必有其邻。"任何一篇文章，都有特定的语境。一个词或一句话都不能孤立地理解，一篇文章或一本书也不能孤立地看。相传一个叫欧阳渐的人读《俱舍论》，读了好几年也没读懂。有个叫沈曾植的人教他"取上下左右之书读之"，就是将相同、相近、相似、相关、相左乃至相反的书，拿来参照阅读。三个月后，欧阳渐竟豁然开朗。可见，有些书若孤立地读，即使读书百遍，也未必能其义自现。

鲁迅的作品犹如一座冰山，需要借助相关资料才能窥探到没有写出来的那层意思。

1. 参照原文原著

《有的人——纪念鲁迅有感》中有三句颂扬鲁迅的话——"给人民当牛马""情愿作野草""为了多数人更好地活"，其中前两句可以在鲁迅的诗文中找到出处。读了鲁迅的原文，你才能读懂臧克家这么构思的用意。"给人民当牛马"出自鲁迅的《自嘲》："运交华盖欲何求，未敢翻身已碰头。破帽遮颜过闹市，漏船载酒泛中流。横眉冷对千夫指，俯首甘为孺子牛。躲进小楼成一统，管他冬夏与春秋。""情愿作野草"出自鲁迅的散文诗集《野草》，鲁迅在《野草·题辞》中写道："我自爱我的野草，但我憎恶这以野草作装饰的地面。地火在地下运行，奔突；熔岩一旦喷出，将烧尽一切野草，以及乔木，于是并且无可朽腐。"

2. 参阅生平史料

《少年闰土》是小说《故乡》的节选，写的是"我"返乡处置家产时的一段往事。只有了解鲁迅的家庭背景，才能更好地理解文中多处细节。一是"家景也好""正是一个少爷"，阅读此处时，可以查阅鲁迅的身世背景。周家祖籍湖南，迁居绍兴后做官经商，人丁兴旺，其祖父周福清曾任内阁中书。周家是一个官宦人家，家境殷实。二是"院子里高墙上的四角的天空",阅读此处时,可以查阅许寿裳先生整理的《鲁迅先生年谱》和《鲁迅自传》,还可以参照《从百草园到三味书屋》等,了解其童年在私塾就读时的情形。

《我的伯父鲁迅先生》中,鲁迅说自己"碰了几次壁",阅读此处时,可以参阅《鲁迅先生年谱》,其中记载了他多次遭到反动政府的通缉与追捕:1930年3月2日,参加"左翼作家联盟"成立会,此时浙江省党部呈请通缉"反动文人鲁迅";"自由大同盟"被严压,先生离寓避难;1931年1月,柔石被捕,先生离寓避难;1933年6月20日杨铨被刺,往万国殡仪馆送殓,时有先生亦将不免之说,或阻其行,先生不顾,出不带门匙,以示决绝;1934年8月23日,因熟识者被捕,离寓避难……参阅这些史料,可以让我们对"碰壁"的寓意有更加深刻的理解。

3. 参考名家解读

《好的故事》是一篇难读的散文,从字面上我们可以读到鲁迅在恍惚中看到的美丽画面,却读不到画面背后的深层含义。此时,不妨参考名家的解读。冯雪峰先生在《论〈野草〉》中对"昏沉的夜"与"美的人和美的事"做了精辟的分析,揭示了这篇文章的主要精神,即"作者希望着这样美丽的生活"。而根据李何林先生的《鲁迅〈野草〉注解》,梦里是"美的人和美的事",醒来是"昏沉的夜","表现了作者的怅惘和失望,也表现了作者的理想和现实的矛盾"。借鉴这两种解读,可以逐层深入地理解"美的人和美的事"与"昏沉的夜"这两个意象所蕴含的独特情意,领会鲁迅真实的构思用意。

同样,阅读《少年闰土》时,也可以参考名家的解读。钱理群先生从闰土的故事与"我"自己的故事中读出了不同的人生况味(《〈故乡〉:心灵的诗》)。王富仁先生看到了三个"故乡":一个是回忆中的,一个是现实的,一个是理想中的。第一个是"过去时"的,第二个是"现在时"

的，第三个是"未来时"的。（《精神"故乡"的失落——鲁迅〈故乡〉赏析》）小说突出描绘的是现实的故乡，它是灰色的。

将更多名家的解读文章放在一起进行比较阅读，我们就可以站在名家的肩膀上，看到自己看不到的东西，既能增长见识，又能锻炼审视作品的眼光和判断解读水准的能力。

要注意的是，研究鲁迅及其作品的文章浩如烟海，我们在引用资料帮助学生阅读的过程中，需要进行筛选与甄别。这样参读，才能提升我们的阅读理解力。

三、学习活动的设计要领

教学设计的意义在于对单元的人文主题与语文要素进行实践统整，使它们成为一回事，而不是"两张皮"。我们要确立"用语文教儿童"的设计理念，参读的意识和能力是在理解作品、亲近鲁迅的活动中形成与发展起来的。因此，人文主题为活动设计提供了情境任务，语文要素为活动设计提供了知识与技能。这个语文要素不仅是本单元中特定的要素，还要根据任务完成的需要，使用以往学过的读写方法与策略，实现语文要素的统整与融合。

1. 顺应文体，凸显亮点

不同的文体有不同的读法。《少年闰土》是小说，可以紧扣相识、相谈、相别三个情节，聚焦"讲新鲜事"，让学生在对话朗读中感受闰土的美好形象，在夹叙夹议中领会"我"的情感表达。《好的故事》是散文，可以紧扣"美的人和美的事"与"昏沉的夜"这两个意象，让学生在朗读中想象"画之美"，在对比中领悟"心之往"。《我的伯父鲁迅先生》是回忆录，可以紧扣"伯父"与"先生"的称呼之别，让学生用文中的事件诠释"为自己想得少，为别人想得多"这句话的深刻含义。《有的人——纪念鲁迅有感》是诗歌，可以紧扣对比这一表现手法，让学生在朗读中领会诗人的爱与恨、颂与贬。

2.融通要素，能力进阶

教学要承前启后，可以在前面单元要素的基础上，引导学生自学：一是借助第四单元"关注情节、环境，感受人物形象"的小说阅读法，自学《少年闰土》，读出自己心中的闰土形象。二是借助第七单元"借助语言文字展开想象，体会艺术之美"的感受法，自读《好的故事》，读出美的画面。三是借助第六单元"抓住关键句，把握文章的主要观点"的概括法，自学《我的伯父鲁迅先生》，列出小标题。

在学生自学的基础上，课堂教学聚焦参读这一要素，不断加深学生的自学所得，且逐课提升学生的参读水平：学习《少年闰土》时，让学生参阅鲁迅的生平史料解读词句细节；学习《好的故事》时，让学生参考名家解读理解"昏沉的夜"这一意象；学习《我的伯父鲁迅先生》时，让学生参阅《鲁迅先生年谱》，理解"碰壁"的言外之意；学习《有的人——纪念鲁迅有感》时，让学生参照鲁迅的原文，领会诗句的出处与诗人的用意。

3.板块呈现，阶梯推进

教学流程是线性的，而活动设计则须是块状的。每个活动板块聚焦一个核心目标，呈现一种拾级而上的教学推进状态，而非同一水平的重复。可以将这个单元设计成四个教学板块。板块一，熟读。认读字词、熟读课文、自读理解，把好这"三道关"，教学就可以在新的起点上展开。板块二，参读。发现问题、查找资料、对照阅读，抓好这"三部曲"，教学就可以促进学生新的生长。板块三，复读。聚焦重点、追根溯源、从读到写，做好这"三件事"，教学就可以实现文本的独特价值。板块四，延读。从对鲁迅感到陌生到亲近鲁迅、从课文到原文、从单篇到群文进而到整本书，这样的延展性阅读，能够真正帮助学生开启从文到人的阅读旅程。在这样的阅读旅程中，鲁迅就能逐渐为更多少年读者所接受、所敬仰、所学习；人物主题单元的教学，就能完成它的课程使命。

让阅读成为一件美好的事情

"多读书，少做题"，这是统编语文教材编者寄予的美好愿望。从"快乐读书吧"到课后的"阅读链接"，再到"综合性学习"单元中的专题阅读，统编语文教材时时处处都在提点我们"多读书，读好书"。那么，怎样才能真正读起来、读进去乃至读下去，让阅读成为一件美好的事情呢？

一、倡导三类阅读，让学生读起来

1. 延伸阅读

延伸阅读，即从学科学习中的兴趣点出发，延伸到相关书刊，拓宽与加深对教材内容的理解。比如，在语文课上读了冯骥才先生的《刷子李》，如果想知道还有哪些像刷子李一样的奇人，不妨读一读小说集《俗世奇人》，既可以读到一个个技艺超群、性格各异的世间奇人，又可以学到小说塑造人物形象的诸多奥秘。又如，在数学课上学了"圆周率"，如果想知道圆周率是怎么算出来的，不妨读一读《祖冲之》这本书，就可以知道圆周率的来龙去脉。

2. 班级共读

班级共读，即全班师生共读一本书。在每天的晨读课上，老师可以先读一段给大家听，然后带着学生议一议人物、事件或观点，猜一猜后面的故事，再各自接着往下读；也可以大家一起静静地阅读某个章节，将各自的心得写在便利贴上，贴在黑板上分享；还可以大家一起绘制这本书的结构地图，或者一起表演某个片段等。班级共读，师生可以相互激励，也可以获得更多阅读经验。

3. 主题研读

主题研读，即围绕一个主题进行研究性阅读，借助阅读来学习。比如，要研究"李白的'白'"，就要从以下几个方面去阅读：李白的生平，李白的故事，李白诗歌中带"白"字的诗，李白这些带"白"字的诗歌所写的经历等。这样的阅读涉及人物传记、诗歌赏析、历史、地理等，学生通过阅读可以收集信息、做出判断、得出结论，从而在阅读中学习。

二、给予三个支持，让学生读进去

1. 时间管理

时间管理，可以解决"没时间"的问题。只要想读书，时间总是有的。我们可以指导学生做一本书的阅读计划，在家里挂一幅阅读时光轴，每天记录阅读的页码。要学生努力做到以下三点：一要"挤"，将书放在书包里，利用碎片化空余时间随时随地随便翻翻；二要"恒"，每天临睡前将当天所读的页数标注在阅读时光轴上，持之以恒，再厚再难的书也会被一点点啃完；三要"算"，读完一本书后，将这本书的总页码除以阅读时间，算一算这本书的阅读速度。学会了管理自己的阅读时间，阅读便像吃饭一样自然。

2. 方法指导

方法指导，可以解决"没方法"的问题。读一篇短文很容易，读一篇长文也不难，难的是阅读又厚又长的整本书。一是考验耐性，纯文字的整本书不是一两天就能读完的，没有耐性就会半途而废；二是考验记性，整本书往往人物众多、头绪繁杂，读了后面忘了前面是常有的事，常常会张冠李戴；三是考验悟性，一些人阅读文学作品时，常常满足于关注紧张的情节或者止步于好人坏人的评价，读不出作者隐藏在作品中的深刻内涵。

要让学生成为优秀的小读者，就要指点学生根据整本书的文体特点，选择与之相匹配的阅读方法和策略。比如，小说、散文、诗歌等文学作品，可以用"体验式"阅读方法，边读边想象，边读边猜测，边读边批注，甚至边读边参照，参照别人对这本书的评论，参照根据这本书改编的影视剧。有位同学在阅读《水浒传》原著之前，先看了一遍《水浒传》连环画。对《水浒传》中的故事有了一个整体印象，再读原著就容易多了。有位同学读完《水浒传》原著后再看电视剧《新水浒传》，发现了与原著的许多不同之处。还有位同学边读原著边参阅金圣叹的点评，读出了一般人读不到的东西，虽然读得慢，却读得更有滋味。至于知识性读物，可以用"概括式"阅读方法，用思维导图或结构图的方式提取关键信息，归纳事物发展的规律。总之，不同文体的作品，要用不同的读法，才能真正读进去，才能避免误读。

3. 及时反馈

及时反馈，可以解决"没有用"的问题。很多学生阅读整本书时只图阅读快感而不求深层思考，所得就很有限。要让学生读得深入一些，就要及时组织评价反馈，让学生读有所获、评有所得。一是组织读书交流会，让学生就某个话题分享自己的阅读体会，并在老师的引导下展开深度思考和对话。比如，阅读曹文轩先生的《草房子》时，可以围绕"友谊是什么"这个富有哲理的话题，让学生引用小说中的人物关系和事件发表自己的看法。这样就能加深学生的理解，也能让阅读变得更有趣。二是组织好书推介会，让学生选择一本自己读过的书，设计一张海报或小报做推介。要求既有内容梗概，又有人物评述，还有阅读收获以及情节插图、资料链接等。这是一种阅读反刍，"吐"出来的是自己的思想。三是组织故事会或课本剧表演，让学生选取整本书中的精彩章节，用讲故事或舞台剧的方式进行演绎，在角色扮演中加深理解和体认。至于读书笔记等读后写作，则更能体现学生的阅读成果。

三、拒绝"三过"，让学生读下去

对学生来说，阅读本身是一件美好的事情，但是以下几点常常使阅读变得很糟糕：一是过高的阅读要求。一些教师常常用自己的理解要求学生，提出令学生望而生畏的目标，把阅读变成作业甚至考试，让学生痛苦不堪。二是过多的阅读指导。一些教师将一本书切分成多个导读点，一个点一个点地指导，生怕学生读不懂。过多的阅读指导会变成一种干扰，让学生无所适从。三是过于功利。个别学校总是将整本书阅读与学业成绩挂钩，希望学生读了就能提高成绩，只让学生读教辅用书，反对学生读那些看似无用的"闲书"，让学生疲于奔命。至于将整本书压缩成一堆知识题目，更是对整本书阅读的一种异化，是一件让人反胃的事情。

要让阅读成为一件美好的事情，就要拒绝"三过"，将过高的阅读要求降下来，让学生在一种安全而自由的阅读心境中快乐阅读；将过多的阅读指导减下来，让学生拥有独立而完整的阅读时空，尽情阅读；让过于功利的阅读少点儿功利，把阅读的本来意义还给学生，让学生享受阅读。事实上，阅读是一件很私密的事情，学生沉浸在自己的阅读世界里是一件多么令人心醉的事。我们应该尽可能减少不必要的干扰，摒弃那些看似轰轰烈烈的阅读推广活动、阅读评奖活动，创造一个纯净的阅读时空，让学生可以心无旁骛地专心阅读，享受静心阅读的美好时光。

用母语编织意义
——统编小学语文教材写作教学要义

学生既可以在生活中习得语言，也需要在教学中学得语言。每个人都能开口说话，但并非每个人都"会说话"；每个人都能提笔写字，但并非每个人都"会写作"。教人学会说话、学会写作，既是培养他的表达能力，又是培育他的完整人格。学作文就是学做人。统编小学语文教材中的写作教学，将"立德树人"的根本任务一以贯之，着力于"文"的写作，着眼于"人"的发展。

一、对写作本质的重新审视

写作是一种社会现象，视角不同，对写作本质的认识也就不同。从作品的视角看，写作是遣词造句、构段成篇的过程；从心理的视角看，写作是从内部语言到外部语言的编码过程；从语用的视角看，写作是作者与潜在读者的交际过程；从教学的视角看，写作是学习表情达意的实践过程。如果回到"人"这个基点重新审视，写作就是人运用语言建构意义的实践活动。一个人有话可说，把内心的想法通过语音传达出来，便是口头之作；把说出来的话转化成文字，或者把内心的想法用文字书写下来，便是书面之作。有内心的想法，无论是口头之作还是书面之作，都是一种建构意义的实践活动。人没话可说、可写的时候，就找不到写作的意义，写作就会变成一种纯粹的技能劳作，就会成为一件苦差事。

只要活着，人就要和周围的世界发生各种各样的关系，就会产生内心的想法，就有借助语言文字把内心的想法表达出来的需要。写作就是人用文字表达对世界的认识，就是用文字建构与世界之间的联系。英国哲学家卡尔·波普尔在《客观知识：一个进化论的研究》一书中提出了"三个世界"的论说：物理的世界、精神或心理的世界、思想内容或客观知识的世界。写作的本质就是以文字为媒介，建构起"人"与"三个世界"之间的四类关系。第一类是人与事物之间的关系，即"我要说关于事物的信息"。比如，描述一个文具盒，就是介绍这个文具盒的样子、结构和功能等，以便更好地使用事物。第二类是人与人之间的关系，即"我有话要对你（他）说"。比如，写一个会议通知，就是告知别人参加会议的时间、地点等，实现人与人之间的理解和沟通，以便更好地共同生活。第三类是人与自我的关系，即"我有话要对自己说"。比如，写一份学期总结，就是对一学期的学习和生活以及一学期的得与失进行梳理和反思，以便今后改进不足，获得更好的成长。第四类是人与虚拟世界的关系，即"我要在想象的世界里说"。比如，选择一个神话或童话故事中的人物，想象和他一起过一天，会去哪里，会做些什么，会发生什么故事。这是一种心灵的放飞和思想的解放。

由此可见，从"人"出发来审视，写作的意义在于既要应付生活，又要应对内心。应付生活就是要用写作来处理生活中的各种关系，这是写作的实用价值，需要人具备表达思想内容的能力。而应对内心就是要用写作来安置自己的内心，这是写作的无用之用，需要人"饱满"自己的精神世界，丰富自己的思想感情，具备产生思想内容的能力。写作，不但指向语言能力的发展，更指向人的完整发展。

二、写作课程的教材设计

写作是一种建构意义的实践，写作教学要解决"为何写""写什么""如何写"这三个关键问题。检讨中小学的写作教学时，众多语文专家认为几乎没有写作教学，有的只是大家习以为常的套路：要么给个题目，再给篇范文，让学生照着写；要么搞个活动，再列个框架，让学生自由发挥；要么专门讲技法，让学生一题一题地练。至于学生在写作过程中不想写、没话写、不会写等实际问题和困难，则缺乏对症下药的方法点拨和策略指导，学生基本上是摸着石头过河。统编小学语文教材借鉴历次语文课程改革的经验，从写作的内驱力、思想力和表达力三个维度，整体建构写作课程内容，设计了三条可以把握的"教学线"。

1. 模仿运用线

写作从模仿起步，这是一条基本经验。朱熹说："古人作文作诗，多是模仿前人而作之，盖学之既久，自然纯熟。"母语学习，最简单有效的办法是"跟我学"，在模仿中习得言语能力，积累言语经验，达到熟能生巧的境界。生活中自然状态下的模仿是随意的，而教材中设计的模仿是"故意"的，带有明确的学习目的，隐藏着确定的言语知识，设置了科学的"规定动作"，可以避免盲目和无效。从遣词造句到连句成段、从单项练习到综合运用，体现了循序渐进的教学规律，既可以让学生习得表情达意的基本技能，又可以让学生知晓语言运用的基本规则。学生只有知其然，并知其所以然，才能"举三反一"，也才能"举一反三"，奠定独立写作的坚实基础。统编教材独具匠心，设计了两个模仿运用活动：一个是"语文园地"中的"词句段运用"活动，一个是课后习题中的"小练笔"活动。

（1）"词句段运用"活动，旨在通过词句段的范例，让学生认识词句段的基本形式和使用方法，在练习中逐步熟练掌握技能，提升语言的表达力。这个活动包括词语及其使用规则、句式及其语境效果、语段及其结构功能，以及记叙、说明、描写、议论、抒情等表达方式的运用与转换等。比如，四年级上册第六单元"词句段运用"中设计了这样一道题：

"选一个词语,仿照例子用动作描写来表现它。"书中举了一个例子,写"害怕":"我们马上都不说话了,贴着墙壁,悄悄地走过去。我的心里很害怕,怕它们看见了会追过来。""妈妈一走,我就把屋里所有的灯都打开,然后钻进被窝,蒙上头,大气儿都不敢喘。"学生仿照例题,从"生气""自豪""快乐""着急""伤心"等词语中选一个,将其转化成一段文字;通过一连串动作的描写,把一个抽象的词语写具体,把一个看不见的心理活动形象化。在充分练习的基础上,学生就能领悟词意与语境的关系,就能理解抽象与形象的关联,就能把握概括与具体的写作要求,知道在写作中何时需要概括写、何时需要具体写以及如何写具体。这样的单项练习目标集中,内容明确,方法具体,学生看得见,学得透,练得熟。"词句段运用"活动,从化整为零的技能训练到零存整取的综合运用,遵循了语言运用从简单到复杂的基本规律。

(2)"小练笔"活动,是让学生在阅读中随文学习写作的课程设计,旨在让学生借鉴课文的表达方法锻炼表达力,或者让学生借鉴作者的思想方法磨炼思想力。"小练笔"突出"小",是即时的片段写作,每次聚焦一个读写迁移"点",练深写透,一写一得,得得相连。四年级上册教材中设计了三次小练笔。一是仿照《走月亮》第六自然段,写一个月下的情景,仿的是联想力。从村道到果园,到稻田,作者在不同的场景中联想到了不同的事物、景物、人物以及特别美好的经历。学生只有把握了这个关键点,小练笔才有新的生长点。二是仿照《爬山虎的脚》,写一种植物的变化,仿的是观察力。学生要运用图文结合与做表格两种观察方法记录植物的变化。三是仿照《为中华之崛起而读书》,写一写自己为什么而读书,仿的是思想力,锻炼学生从自己的生活出发思考为什么要上学读书,从身处的时代出发思考为什么要矢志求学,从未来的世界出发思考为什么要终身学习……如此一层一层展开思考,才能最终提升学生的思想境界。这练的不是"笔",而是"人"。

2. 语境交际线

以往教材中的命题作文，常常缺一个贴近学生生活实际的任务情境，难以激发学生的写作动力，也难以激活学生的生活经验。统编教材从三年级起，每个单元的习作都精心设计了一个交际语境，让学生仿佛身临其境，体验一个完整的写作历程。如果说"词句段运用"重视的是"表达"，那么单元习作重视的则是"交际"，即创设一个特定的交际语境，明确提出写作的交际目的、交际对象（读者），并在写作之后进行实战型现场交际，以检验写作的效能，让学生获得真实的交流经验，走出虚假语言训练的误区。统编教材每个单元的习作语境具体明确，既可以激发学生的写作内驱力，又可以培养学生的思想力与表达力，是一种主题统整下的综合性写作实践。以四年级上册第一单元为例，教材设计了一幅指向语境交际的习作路线图。

第一步：读者导向。导语中先设置了一个话题——"推荐一个好地方"。交际的对象（读者）可以是身边的人，也可以是外地人；可以是特定的某一个，也可以是特定的某一群。有了明确的交际对象，学生写作时就会有读者意识，就会找到写作的意义感，写作就变成了与某个人或某群人的对话。

第二步：交流驱动。导语进而转向交流过程，用一连串问题来驱动内容建构："你打算推荐什么地方？这个地方在哪里？它有什么特别之处？"为了帮助学生构思交流内容，教材搭设了一个写作支架，以"推荐一个古镇"为例，提供了一个可以借鉴的内容框架：古镇的美景、古镇的历史和古镇的美食。如此，学生就有话可说，解决了写什么的难题。

第三步：语境生成。导语中提出了写作要求：介绍清楚、理由充分。至于怎么写清楚、怎么写充分，没有举例说明。其实，写作最忌讳的是千篇一律，写作有方法而无定法，不同的语境、不同的读者、不同的任务，写作的内容、体裁、结构、语言等自然也不相同。学生需要进行比较、选择，并在写完之后修改润色。

基于语境交际的单元习作，以情境任务激发写作动力，以铺设支架提供写作助力，以语境生成磨炼写作能力，以现场体验增强交际活力，可操作性强，便教利学。重要的是，每次习作都强调将作文运用于日常交际或人际交往，以增强学生写作的责任感和自觉性，逐步从"目的性写作"转为"功能性写作"，即将写作当成一种不可或缺的学习、生活、工作方式。

3. 能力进阶线

决定写作能力的关键要素是什么？这些要素是如何形成写作能力的？小学语文统编教材设置了八个习作单元，试图解决这两个原理性问题，让写作教学从模糊一片变得清晰可见。这八个习作单元的主题分别是"观察""想象""记事""游记""说明文""写出人物的特点""围绕中心意思写""让真情自然流露"。"观察"与"想象"是写作的心理学基础；"围绕中心意思写"与"让真情自然流露"是写作的语用学基础；"记事""游记""说明文""写出人物的特点"是写作的基本题材与基本体裁。这八个主题可以看作写作能力进阶的八个关键要素，呈现了写作能力发展的八个台阶，构成了小学写作教学的课程骨架，是学生可以摸着过河的"大石头"。

与阅读单元双线并进的编排策略不同，习作单元以核心写作知识为主线，设置阅读、交流、例文、习作四个板块，帮助学生实现从知识到能力的实践转化。以四年级上册"记事"主题习作单元为例，该单元确定了两个目标："了解作者是怎样把事情写清楚的。""写一件事，把事情写清楚。"前者是"知"，后者是"能"，由知到能，设置了四个板块。

板块一：指向写作的阅读。《爬天都峰》和《麻雀》的阅读教学指向写作，重在"怎么写"。《爬天都峰》一文按照爬山前—爬山中—爬上峰顶后的顺序写清楚爬山的过程；《麻雀》一文聚焦怎么把小麻雀的无助、老麻雀的无畏、猎狗的攻击与退缩等表现写清楚，总结出视觉、听觉等多感官交互写的方法。只有这样专业阅读，才能让学生拥有一双"懂写"的慧眼。

板块二：聚焦知识的转化。两篇课文之后设置了一个"交流平台"，将从阅读中获取的写作经验凝练成精准的写作知识：记一件事的六个要素和按照顺序写、多感官交互写两种记事写法。在之后的"初试身手"中，要求学生看图说话和写做家务的过程，让学生尝试运用按照顺序写、多感官交互写与动词串联写等三种记事写法，形成初步的记事能力。

板块三：印证文理的例文。《我家的杏熟了》《小木船》两篇习作例文，"例"的不是记事作文的模板，而是如何记事、如何将事情写清楚的文理与事理。例文用批注的方式，点明了记事的要素与要领，便于学生理解和运用。

板块四：提供支架的习作。教材以"生活万花筒"为题，要求学生选择一件印象深刻的事，按一定的顺序把事情的经过写清楚。教材提供了一个写事的结构支架，帮助学生梳理事情的起因、经过和结果。针对学生个体的写作，还可以提供多个支架，如顺序支架、描写支架和连续动词支架等，帮助学生将事情写清楚。这些支架将记事的写作知识操作化，可以帮助学生实现由知到能的顺畅转化。

三、写作教学的实践创造

教材设计的三条写作教学线，是"规定动作"，而写作教学更需要创造性的"自选动作"。要从学生的实际出发，积极探索适合学生的写作教学方法与路径，以丰富与改造教材中的写作课程设计，让写作教学充满生命活力和创造力。

1. 任务群改造

我们习惯于"一次一作",然而这样做,学生的写作热情就断断续续。其实,不妨将一个"短程写作"改造成一个"长程写作"任务群,创设连续性任务情境,组织多种形式的写作活动,进行多种体裁的写作实践,让学生多方面的能力得到提升。比如,将"推荐一个好地方"这个习作改造成下面这个任务群。

任务1:班级要组织春游活动,请每个小组向全班同学推荐一个春游的好地方。这个任务情境更具真实性与挑战性,更能激发学生的参与热情,因此,学生对这个地方的"好"和推荐理由,必然会写得更充分、更有说服力。

任务2:确定春游地点后,请每个小组拟定一份每个人都要遵守的"春游公约",确保春游安全顺利地完成。这个情境任务是实用文写作,公约每一条都要字斟句酌,非常考验学生的自我管理能力和准确表达能力。

任务3:组织春游美照展,请每个同学选一张自己认为最有意思的照片,加注一段文字说明。这个情境任务可以锻炼学生的观察能力和审美能力。有的学生选取的不是美景,而是同学之间温暖的一瞬间。这样的发现具有生命成长的意义。

任务4:全班同学总结春游的得失,给校长写一份秋游建议。如何让校长接受班级的建议?同学们能否如愿以偿?这样的写作才能激发学生的写作积极性和创造性。

2. 学科类写作

我们常常将写作局限于语文学科,殊不知,每个学科都需要通过写作来学习。对其他学科来说,写作是一种学习方式。比如,数学课上学了圆面积计算公式，很多同学尚未理解公式的意义，只能死记硬背。倘若让学生将圆面积计算公式的推导过程写下来，就是一篇数学小论文。学生需要借助图画并配以文字，才能写明白这个复杂的推导过程；需要借助准确的动词，才能写清楚从长方形到圆的切割和拼凑过程；需要借助专业术语，才能准确表达数学的概念。这样的写作，是一种用笔来思考、用文字来建构的深度学习。阅读与写作，应该成为贯通学科界限的纽带，而写作无疑更具表现力。

3."后作文"时代

我们的写作教学总是先指导后写作，可否先写作后指导？先让学生各尽所能，放开胆子写。这是学生写作水平的自然呈现。而后的指导才是给学生注入新的写作要素，促使他们获得新的生长。这样先写后改的写作教学，与先学后教的教学理念相一致，被称为"后作文"。作文后的指导，不仅仅是修改、润色词句，更重要的是提升学生的思想与构思能力，并进行作文主题的凝练和结构的重构。从这个角度来说，"后作文"更具针对性和有效性。尤其是面对不同的学生，可以一对一悉心指导，发现学生个体遇到的写作问题和困惑，弥补班级集体授课的不足。当然，如果让学生将写成的作文发表出来，接受更多人的阅读及指正，让读者"倒逼"他们提升水平，不失为网络时代的一种有效策略。事实上，在自媒体时代，这样的写作教学已经成为一种时尚。写作教学唯有与时俱进，才能有所进步。

看得"准",写得"美"
——统编教材三年级上册第五单元教学设想

一、语文要素解读

这个习作单元的语文要素如下:①体会作者是怎样留心观察周围事物的;②仔细观察,把观察所得写下来。前者是在阅读中体察留心观察的表达效果,重在"知";后者是在习作中仔细观察以获取鲜活的表达内容,重在"用"。心理学研究表明,小学三四年级的学生处于观察力发展的关键期,他们对事物的特征与变化具有特别的敏锐感。如果不失时机地开展观察训练,就可以进一步提升学生的观察力与表达力。

观察是一种有意识的智力活动。人们在观察时,不仅仅是用眼睛看,还需要用手摸、用耳朵听、用鼻子闻,更需要用心去感受。因此,观察是视觉、听觉、嗅觉、触觉等感觉与知觉和"心觉"的统合行动。观察需要用心,所谓"听而不闻、视而不见",不是粗心大意,而是心不在焉。观察力就是对周围事物的敏感力。面对同样的事物,每个人内心的感觉是不一样的。石缝中长出一棵小草,有的人看到了一棵小草,有的人看到了一个顽强的生命,有的人看到了一道石缝,有的人看到了恶劣的生存环境,有的人看到了石缝里的春天……我们所要培养的观察力,一是要看见物,既看得见小草,又看得见石缝;二是要看见美,从小草身上看到顽强的生命力,从石缝中看到春天。这种美,既源自事物本身,又源自每个人心灵深处对真、善、美的向往与期待。心肠"硬"的人是"冷眼"观察,眼中见到的"物"就是"物"。小草的形状、颜色,看得真真切切、分毫不差，尽收眼底。这种观察，是"无我"的拍照式观察，亦被称为"科学观察"。心肠"软"的人是"热心"观察，眼中见到的"物"是带着体温的"物"，是他心中的那一株小草，是在呼吸的小草，是在生长的小草，是在春天歌唱的小草。这种观察，无疑是"有我"的体验式观察，与其说是在用眼睛看，不如说是在用心看，亦被称为"文学观察"。这个习作单元，正是要学生练就文学的审美眼光，帮助学生从熟悉的生活中、从寻常的事物中发现美与表达美。

文学观察力不是一天就能培养起来的。要具备文学观察力，首先，要有一颗热爱生活的心，只有热爱生活，才会对世界充满热情，才会留心观察身边的事物，才会发现寻常事物中的美；其次，要接受有针对性的阶梯训练，学会调动身体的各种感官仔细观察，由易到难、循序渐进地磨炼观察的敏锐度与想象力。

一是从简单到复杂。观察要从简单的事物开始。这个单元中所写的事物，如一只翠鸟、一片草地、几只蜗牛、一个芒果、一只小狗、故乡的杨梅等，都是单一的事物，而非由多个事物组合成的复杂事物。习作中出现的三幅插图，呈现的就是复杂事物。秋景图，画面中有蓝天、大树、落叶、飞鸟、草地和村庄；晨景图，画面中有书报亭、卖报人、清洁工、上班族和背着书包的小学生；课间图，画面中的学生有的在聊天，有的在看书，有的在擦黑板，还有的在向老师请教。观察复杂事物时，我们既要看到单个事物，更要看到由单个事物构成的整体画面，看到画面中透露出来的美。

二是从静态到动态。静态的事物可以反复看，比如，翠鸟的颜色可以多看几眼。动态的事物只能看一次，它稍纵即逝，一不留神就会看不清、看不到它的过程。比如，翠鸟在眨眼之间就从水中叼起一条小鱼，这需要敏锐的动态捕捉力才看得准。

三是从整体到个体。一个事物，整体看，是一个样子；单个看或看部分，又是一个样子。观察的时候，既要观察事物的整体面貌，又要观察其中某一部分或某一个体的独特之处，这样可以看得更加细致入微。一片蒲公英，整体看，早晚是绿色的，中午是金色的；单个看，早晚花瓣是合拢的，中午花瓣是张开的。

四是从恒常到变化。恒常不变的事物，容易把握其特点；而变化不定的事物，则需要较长时间的观察，需要留心其每一个阶段的不同之处，考验观察者的耐力。杨梅从生涩到成熟始终处在变化中，唯有长期而细致地观察，方能发现其间的差异。

二、单元结构的功能

习作单元的基本结构是精读课文、交流平台、初试身手、习作例文和习作练习。五个内容板块，围绕留心观察这个核心目标，规划了从"知"到"用"的学习路径，发挥了各自的教学功能。

1. 精读课文：发现知识

文质兼美的范文，往往隐藏着写作的秘密。阅读教学不仅要让学生理解课文内容、领会思想感情，更重要的是让学生从课文中发现表达的方法与艺术，获取写作知识。在习作单元的精读课文教学中，更要透过文本情境，抽取写作知识。比如，在《搭船的鸟》中，作者对翠鸟美丽的羽毛和敏捷的身手做了细致的观察。一静一动，突出颜色写羽毛是静态观察，放慢镜头分步写捕鱼是动态观察。又如，在《金色的草地》中，作者对草地颜色的变化做了细致的观察，先整体后个体，整体观察侧重早中晚颜色的变化，个体观察侧重花瓣开合与草地颜色的因果关系。

2. 交流平台：整理知识

在精读两篇课文后，组织学生对获取的写作知识进行归纳、整理，将知识结构化。这个单元是观察的起步阶段，我们要建一个知识之"锚"，即阐明观察的根本目的与基本方法，让学生知道为何要观察与如何观察。留心观察旨在有新发现，仔细观察旨在有更多、更深的了解。

3. 初试身手：应用知识

要将写作知识转化为写作能力，需要经历一个写作技能的转化过程，即在特定的场景中应用写作知识，形成初步的写作技能。怎么留心观察？比如，大多数人视而不见的雨后马路上爬行的蜗牛、石缝中冒出来的小草、湖面上飞过的大雁等，可以训练学生捕捉美的意识和能力。怎么仔细观察？比如，通过看、摸、闻、尝，将一个芒果里里外外看个透。也可以将芒果换成橘子、苹果等，训练学生多维度观察的能力。这样的技能训练，可以随处取材，举一反三，直至熟能生巧。

4. 习作例文："举例"知识

习作例文给学生提供了可以模仿的例子，教材编者用旁批的方式举例说明该如何仔细观察，如何将观察到的东西写成文章。《我家的小狗》写了小狗"认字"和"同火车赛跑"两件事。最有趣的是小狗用叫声表达意思，这是作者长期观察熟悉小狗习性的结果。《我爱故乡的杨梅》写了杨梅外形、颜色与味道的"变化"，这是因为作者观察了杨梅由生而熟的整个过程。我们可以用这两篇例文启发学生：要写好作文，必先观察好写作对象，观察越细致，作文越生动。

5. 习作练习：转知为能

如果说初试身手是单项技能训练，那么单元习作就是综合运用知识与技能，将写作知识与技能转化为写作能力。习作"我们眼中的缤纷世界"先用三幅插图呈现三个复杂的场景，引导学生运用多种观察方法，描述三个场景中的事物与人物；再用提示强调观察的三个要点：细致、多感官、注意事物的变化。至于习作内容，可以统一写一个事物或场景，也可以各自写自己熟悉的事物或场景，但是都需要有一个现场观察的过程。这个观察的过程，是学生运用所知所能解决真实问题的过程。现实生活中的真实事物或场景缤纷复杂，考验学生的观察能力和选择力，学生需要选择那些"美"的事物来写，而非见一个写一个、依样画葫芦。在评改时，对学生写得不够"美"的事物，可以再现事物的原貌，帮助学生复盘观察过程、反思观察的盲点与弱点，以此改进观察、修改习作。只有看得"准"，才能写得"美"。

三、教学设计的思路

习作单元的教学要义是实现写作知识的实践转化，即突出读写实践，淡化知识讲解，在多读多写中积累经验，最终化知为能。习作单元的观察教学须遵循三个原则。一是从动机走向目的的原则。设置情境任务，让学生切身体会仔细观察的意义，增强主动观察的意识。二是从读学写与以写促读相结合的原则。在阅读中学得观察方法，在写作中习得观察能力，进而促进旨在学得观察方法的"焦点阅读"。三是交替式、螺旋式发展的原则。先观察后写作，写作后再观察，甚至边观察边写作，在现场学习中提升观察能力与表达能力。可以依据这三个教学原则，对上述五个内容板块进行整合设计，削枝强干，上好以下三类课。

1. 导读课

《搭船的鸟》和《金色的草地》作为指向写作的阅读课，重点是引导学生从中发现三个写作秘密。第一，偶然发现只属于有心人。无论是搭船的翠鸟还是变色的草地，看似偶然发现，实际上作者都是有心人，他们处处留心生活中那些美的事物、变化的事物。第二，仔细观察要用好"三个键"。首先，用好"暂停键"，定格观察，放大特点，将事物最美的那个部分看清楚、写具体。比如，翠鸟的羽毛是翠绿的，翅膀带着一些蓝色，长嘴是红色的。其次，用好"慢进键"，放慢镜头，将一刹那发生的事件切分成若干个连续的画面，分步写清楚、写连贯。比如，作者用"冲进水里""飞起来""衔着一条小鱼""站在船头""吞了下去"五个连续动作描写翠鸟捕鱼的敏捷身手。最后，用好"快进键"，略过那些次要的事物，聚焦那些重点观察的事物，若平均使用力量观察，就难以突出事物的美。"快进键"还可以凸显缓慢变化事物的变化之态。比如，花开花合慢得让你感觉不到，一旦快进，就立刻让你惊艳不已、浮想联翩。第三，观察要细，表达要准。我手写我心，心手要合一。心要看得见，抓得准，事物的特点才鲜明；手要练得熟，写得像，写得活，事物的样子才生动。很多学生眼高手低，看得见，却写不出，原因在于语言表达功夫不够深。

2. 素描课

初试身手环节旨在练就学生写观察作文的扎实技能，重点在于组织学生到生活现场练观察、练写作。这种如同美术写生的作文训练，被称为"素描作文课"。在这样的作文课上，学生采取写实景片段的方式，边看边写，边写边看。看静物，如一个橘子、一盆文竹，仔细观察后可以写成一个片段；看动物，如一只爬行的蜗牛、两条游动的金鱼，仔细观察后可以写成一段生动的文字；看表演、喝茶、下棋……学生在观察一个个常见生活事件后可以写出连续动作的画面。这样的写实素描，可以在课堂上学，也可以在现场观察中学，还可以在生活中随时随地练。由简而繁，日积月累，学生自然可以练就敏锐的"眼力"与纯熟的"笔力"。要知道，没有量的积累，就没有质的飞跃。学生需要经历无数次素描作文课，才能真正形成观察力和表达力。

3. 讲评课

有了扎实的素描作文基本功后，再写"我们眼中的缤纷世界"就不再是一件难事，无非是运用片段素描的方式将一个场景中的若干个事物或事件依次写下来。写作的时候，只要学生选定了内容，就放手让他们写。重要的是，在学生写成初稿后，要设计专门的作文讲评课。讲评课上，既要讲，又要评，还要改。所谓"讲"，一要将学生习作中写得精彩的语段挑选出来念给学生听，或者编成作文小报发表出来，增强学生的成就感和自信心；二要将学生习作中的问题语段整理出来，从中归纳具有普遍性的问题，逐一讲解问题所在，让学生明白不足之处、需要改进之处，进一步激发学生学习的动力。所谓"评"，一是就习作例文进行集体评议，从观察与表达两个角度寻找写得精彩的部分中值得借鉴的方法和经验；二是对学生习作中具有代表性的语段进行集体评议，从观察与表达两个角度分析存在的问题，提出修改思路和建议，并尝试进行修改。所谓"改"，就是学生修改自己的作文，或者相互修改作文。在修改过程中，要提醒学生对没写清楚的地方进行"回炉"，即重新观察，将没看仔细的地方再看一看，有了新的发现后，才会有新的内容可写，绝不能凭空想象。讲、评、改，实际上是让学生对所学写作知识的验证、对所得写作经验的反思。

上好这三类课，就抓住了这个习作单元的关键，就可以有效促进学生观察力和表达力的提升。当然，与课文的"文路"、学生的"学路"相契合的教学思路才是最好的教学思路。

下篇 从课堂中来，到课堂中去

从课堂中来，到课堂中去
——课题研究与课堂教学的统整性实践

  瑞士心理学家皮亚杰提出过这样一个发人深省的问题：全世界有一支庞大的教育工作者队伍，他们又那么专心致志地工作着，为什么还不能使教育成为一门既科学又生动的学问？如果沿着这个问题继续往下追问，我们就会面对一连串让人困惑的问题：有些老师上了十年课，为什么只有上了一年课的水平？有人将原因归结为这些老师缺乏改变教学的勇气与研究问题的意识，没有走上教学研究的正道。然而，有些老师做了不少课题研究，为什么其课堂教学还是"涛声依旧"？有人将原因归结为这些老师的课题研究缺乏理论深度，没有找到解决问题的有效路径与方法。然而，有些课题研究出了很多有价值的成果，出了许多新理念、新模式和新方法，为什么还有那么多老师上不好课？

  问题的症结究竟在哪里？张志公先生曾说，你在想不明白的时候，不妨回到问题的起点来重新思考。就"教育"这门学问来说，要"科学"，就要找到教育的规律，就要做研究，把问题做成课题；要"生动"，就要根据教育规律进行创造性实践，呈现丰富多彩的教育样态。由此可见，要使教育成为"既科学又生动"的学问，就要将理论研究与实践创造融为一体，而不是各走各的道。

  同样的道理，"上课"也是一门学问，要使它成为"既科学又生动"的学问，就要像杂交水稻之父袁隆平一样，一辈子在农田里做研究，将水稻的杂交课题与水稻的农田耕种这两件事做成一回事。也就是说，我们要带着课题进课堂，立足课堂做课题。英国人类学家马林诺夫斯基曾用三个词语概括自己的研究路径：在这里—到那里—回到这里。成尚荣先生对其做了"再定义"。他认为，对一线教师来说，"在这里"就是"扎根课堂"，在课堂上积累教学经验，丰富教学智慧；"到那里"就是"研究课题"，带着问题到理论的宝库中去汲取新的思想，寻找新的路径与方法；"回到这里"就是"再造课堂"，用新理念、新方法创造新教学、新课堂，成为反思型实践家。如果课题是一粒种子，那么课堂就是一片土壤，种子在土壤中生长，土壤因种子而充满生命的意义。课题研究与课堂教学的实践统整，就是"从课堂中来，到课堂中去"。要做到这一点，我们就要念好"三字经"——真、恒、化。

一、真：用问题打开课堂

陶行知先生说："千教万教教人求真，千学万学学做真人。""教育"这门学问贵在一个"真"字。无论是上课还是做课题，我们都要有实事求是的精神。一方面，研究的是真问题，是课堂教学中具有普遍性的实际问题与本质问题，比如语文教学中"教什么""怎么教""教得怎么样"这些长期困扰语文教师的老大难问题。我们要敢于"啃硬骨头"，只有解决这些老大难问题，才能真正让课堂焕发活力。另一方面，做的是真研究。课是一节一节上出来的，课题是一步一步做出来的。课题研究，不能停留在假设上，不能停留在纸面上，而要落实到课堂上，让课例来说话，用数据来实证。如何做到这个"真"字呢？在不同的教学阶段，我们要找到不同的研究起点和路径，学会从问题出发，用课题研究的方式打开课堂教学的大门。

1. 要善于从小问题入手

教师在教学一线遇到最多的是鸡毛蒜皮、层出不穷的小问题、小麻烦。如果你是一个有心人，能从这些小问题、小麻烦中发现对学生终身发展和教师专业成长有意义、有价值的真问题，那么你就能通过小课题研究找到解决问题的路径与方法。1988年，我在课堂教学中常常发现有学生对课文中的关键内容视而不见、听而不闻。我以为是学生在开小差，殊不知是学生的视听能力有缺失。在教研员周建华老师的指导下，我以此为课题，做了两年的视听训练实践研究。经过观察画面、倾听故事、复述要点、讨论问题等专业训练，学生在语文课堂上逐渐变得耳聪目明。

2. 要善于从模仿起步

面对复杂的大问题，我们常常眼高手低。最好的解决办法之一就是将别人的花移植到自己的花园里，借鉴他人的成功经验，移植他人的研究成果，从模仿起步。1990年，我精心准备的第一次作文教学公开课上砸了。作文课到底应该怎么上？理论这桶远水一时解不了近渴。于是，我找来《贾老师教作文》的录像带，每天下班后观看录像课，一边看一边记录，用心揣摩贾志敏老师上课时的每一个活动、每一句点评，然后把贾老师的课一节一节搬到自己的课堂上。我从一开始依样画葫芦，到后来熟能生巧，渐渐学到了作文教学的精髓。1993年，我在江苏省"教海探航"征文竞赛颁奖大会上应邀执教作文课"奇妙的魔术"，赢得了在场观摩老师的热烈掌声。

3. 要善于做理论嫁接

模仿毕竟是模仿，要走属于自己的路，还是需要有新的研究与实践。1997年，我接手一个五年级班，班里有一个姓杨的同学记性特别差，前学后忘。前任语文老师对我说："我是没办法了，现在看你的了。"没有办法的时候，最好的办法是读书，看看别人有什么好办法。果然，我从

《阅读心理学》一书中发现了美国心理学家米勒的组块原理。他认为，人的短时记忆只能保持"7±2"个组块，超过记忆的阈限就会造成记忆障碍。不过，可以减少组块的数量，增加组块的容量，将零碎的信息整合成有意义的大组块，这样就能提高记忆的效率。根据这个原理，我将课文中的十多个词语按照故事情节分类教学，小杨同学居然很快就能识记。于是，我就想能不能将组块原理嫁接到阅读教学中来解决教学内容碎片化的难题。由此，我提出了"小学语文组块教学"这个原创性课题，开始了我的语文教学研究之旅。

有人说，没有一棵树一开始就是树，它首先是一颗种子，经过寒冬暑热后，才变得枝繁叶茂，成为一棵大树。从小问题入手，移植他人的经验，跨界嫁接理论，往往就能找到属于自己的路。

二、恒：在课堂上深耕课题

"板凳要坐十年冷，文章不写半句空。"做课题要耐得住寂寞，守得住初心，潜心在课堂教学中边实践边思考。课堂就像一座藏在地下的"富矿"，课题研究就是在课堂里"挖矿"。只要找对了方向，确定了位置，就要一个劲儿地挖，终究会挖到教学的"宝藏"。人可以不聪明，但不能不勤奋。我知道自己并不聪明，所以要更加勤奋，一生只做一件事，就是把小学语文组块教学这个课题做深、做透，做一辈子。在20多年的研究中，我坚持用课例研究的方式在课堂里深耕三轮课题。

1.嫁接心理学组块原理，解决教学内容碎片化的问题

众所周知，我们使用的是文选型教材，每篇课文中隐藏的教学内容包罗万象——字词句篇、语修逻文、听说读写，不同的教师会教出不同的内容来。更糟糕的是，那么多零散的内容，教师一会儿教这一点，一会儿

又教那一点，学生频繁地变换"学习频道"，看似都学过了，其实都没学会。这就是语文教学高耗低效的症结所在。

有位老师在教童话故事《青蛙看海》时，提了37个大大小小的问题，像记流水账一样将课文捋了一遍。我运用组块原理，将37个内容点整合为三个内容板块：第一个是词串板块，选取"一双有力的翅膀""四条善跑的长腿""一级一级跳石阶""不知不觉登上山顶"四个关键词语，组织学生认读生字、熟读词语、用词语讲故事。教师教得少，学生学得透。第二个是朗读板块，先让学生练读青蛙与苍鹰、松鼠的对话，再让学生扮演不同的角色表演故事。教师教得集中，学生学得生动。第三个是讨论板块，师生围绕一个核心问题展开讨论："为什么青蛙一开始觉得登上山顶看大海难，后来又觉得并不难？"在讨论中学生学会了前后比较、多角度思考，从中概括出了多个做人做事的道理。有人说，用组块原理设计的语文课，就像用水洗过的天空一样干净。的确，组块教学可以把繁杂的课堂洗得更加干净。

2. 嫁接多元智能理论，解决语文教学目标不聚焦的问题

教着教着，我发现板块式教学内容相互之间缺乏内在的关联，它们似乎是一个大拼盘，少一条主线，缺一个"灵魂"。

有一次，我在教《鞋匠的儿子》时呈现了词语、朗读、讨论等多个内容板块，感觉就是在课文里兜圈子，做的是纸上谈兵的功课。学生在课堂上说得头头是道，到了生活中却常常无能为力。假如有一位同学因为家境一般，在捐款时只捐了三元硬币。有同学取笑他："哎呀呀，叮叮当当的，你捐得可真不少啊！"一般人都会无言以对。而课文中林肯在遭到参议员羞辱之后，淡定自若，仅仅说了三段话，就化解了尴尬，赢得了一片掌声。其秘诀是什么呢？我立刻设计了言语探秘板块，经过一番探究，学生终于恍然大悟，发现了林肯"谦卑有礼、有礼有节、以退为进"的说话艺

术。于是，学生学会用这样一段话化解捐款的尴尬："谢谢你对我的夸奖。我知道我捐的并不多，但也代表了我的一片心意。有人说，穷人捐出的一块钱，有时比富人捐出的一百元还要珍贵。假如我连一块钱也没有，那么我会给他们一个温暖的拥抱或者一个善良的微笑。爱心，是不能用金钱来衡量的。"这就是语文的智慧，语文教学要教会学生运用语言、创造语言解决生活中的问题。

由此，我嫁接了加德纳的多元智能理论，开展了为期五年的"智慧解放理念下的组块教学实践研究"，提出了"言语智能"这个核心目标，让语文课堂超越知识与技能，有了"主心骨"。

3. 嫁接语用学关联理论，解决语文教学过程不充分的问题

教着教着，我又发现言语智能的形成与发展，需要经历一个深度交互的思维过程。你看，推销员是经过专业训练的，所以只要跟你谈上三五分钟，他就能洞察你的心理，激活你的需要，让你心甘情愿地买他的产品。

大家对许地山先生的《落花生》耳熟能详，一般人只关注"做什么样的人"的问题，却忽略了"怎么跟孩子讲做人"这个更具语用价值的问题。我在教学中设计了"像父亲那样讲道理"的学习任务，聚焦父亲与孩子们的对话，探索与运用其中的专家思维。文中的父亲，先是"物与物比"，凸显花生最可贵的特点；再是"人与物比"，告诉孩子们要做花生一样的人；最后是"人与人比"，从正反两个方面强调要做什么样的人、不要做什么样的人。三次不同的"比"，由物及人，由人及理，层层推进，体现了语言的逻辑力量，让学生学会怎么说理、为何这么说理。这样的语文教学，教师教得专业；学生学得深刻，用得透彻，充分经历了智能挑战。

由此，我将语用学的关联理论引入组块教学，提出了"关联理论视域下的组块教学实践研究"，一做就是十年，以近百个教学课例呈现了关联

理论下的组块教学，获得了基础教育国家级教学成果奖。

纵观20多年的课例研究，我越来越坚信：课例研究是一线教师用课题改造课堂最常态、最有效的方式。课例越多，研究越深入；课例越经典，教学越逼近规律。

三、化：以课题创新教学

课题研究成果不能停留在研究者的课堂上，应该走进更多一线教师的家常课中。这就需要我们对课题研究成果进行普适性的实践转化，从举三反一到举一反三。举三反一是在反复实践的基础上，找到教学的基本规律，提炼便教利学的方法策略；举一反三则是在迁移应用的过程中，根据各自的优势、潜能，创造适合自己的教学方式。组块教学看似简单，实则并不容易，需要我们准确把握其内涵要义和操作要领，并且需要精益求精的课堂磨炼，这样才能体现其简约之美。为此，我们从一线教师的实际需要出发，对组块教学的研究成果和实践经验做了深入浅出的"三化"。

1. 简化

简化就是将组块教学的成功经验提炼为可观测、可使用、可评价的教学产品，实现课题研究成果的产品化运用。从智能手机的发展轨迹中可以发现，智能化、"傻瓜化"的产品，即使是"傻瓜"也能操作运用。名师的课题研究成果和课堂艺术，只有褪去概念化的表述与艺术化的表现，呈现为实操化的技术与产品化的方案，才能进入家常课中。比如，如何组块？我们提炼了六条实操路径——字根识字、词串识记、句式类化、结构变式、主线勾连与类篇教学，解决了识字学词、单篇读写、群文教学等教学内容的结构化问题。再如，如何进行组块教学？我们借用九宫格，设计了九宫学习单，即在九个方格内设计教学过程，正中一格为学习目标，四周八格为学习任务，正所谓"目标在中央，任务在四方"。九宫学习单是一种便教利学的教学工具，实现了教有思路、学有地图，一单在手，教学不愁。

2. 转化

转化就是将组块教学的课例研究提炼为可示范、可复制、可操练的教学研究模式，即"一课三磨"：以团队共同磨课的方式创造教学课例，把组块教学的思想理念和策略方法通过反复打磨融入课堂教学中。一磨教材解读，通过删、增、改等路径整合内容板块；二磨活动设计，整体设置课堂情境、角色任务、系列活动和具体步骤；三磨现场重构，通过课堂观察和反思重构设计更优化的教学方案。"一课三磨"就是课题思想与课堂实践的磨合过程，磨的是课，得的是法，成长的是人，最终让人脱胎换骨、化茧成蝶。经过20多年的组块教学研究，我们呈现了《螳螂捕蝉》《爱如茉莉》《我和祖父的园子》等100多个经典课例，涌现了沈玉芬、徐国荣、王晓奕等一大批名师、特级教师，建立了广西桂林、江苏江阴、黑龙江大庆、湖北赤壁、重庆两江等7个组块教学区域工作站，300多所学校近万名语文教师加入研究队伍，呈现了蒸蒸日上的教学气象。

3. 深化

深化就是将组块教学的理论与实践向纵深推进。课题研究没有止境，嫁接不同的理论，就会打开不同的窗口，就能从不同的侧面深化对课题的理解，完善对课题的实践。《义务教育语文课程标准（2022年版）》，提出了素养导向的语文学习任务群，组块教学的"板块式课程""联结性学习""统整性实践"恰好与此呼应。由此，我们将在核心素养的旗帜下以培养有理想、有本领、有担当的时代新人为目标，将"人"的发展作为课题研究和课堂教学的终极关怀，创造更具前瞻性与科学性的组块教学新样态。

综上所述，组块教学的研究实践证明，课题研究与课堂教学是一个事物的两个侧面，一个是有计划地去探索，一个是自然地去摸索，内核是教学规律。只要我们上下求索，就一定会有所成就、有所收获。

角色赋能，让学习使人着迷

电子游戏让人着迷的秘密，就是精心设计一个角色的成长系统。玩家一旦选择某个游戏角色，便会不知不觉地躬身入局，在一路闯关中被赋予新的能量和能力，在虚拟世界里获得真实的成就感和满足感。这就是"角色赋能"。语文学习任务群的建构与电子游戏的设计异曲同工，运用角色赋能的原理，为学生创设真实的情境任务，让学生在角色任务的挑战中思考问题、解决问题，获得核心素养的积极生长。

一、角色赋予学生学习动能

任务学习变"要我学"为"我要学"，学生强大的学习内驱力源于其角色选择。当学生脱离原来的学生角色，在特定情境中变身为侦探、导游、教师、设计师、小说家、售货员、植物学家、建筑工程师等角色的那一刻，好奇心与好胜心便会促使学生不知疲倦地投入角色任务中去，积极主动担负起角色赋予的任务与职责。比如，让学生复述课文《西门豹治邺》中的故事，未免索然寡味。所以，我们让学生忽而化身西门豹，将调查到的民情写成奏折向魏王禀报；忽而化身村民，将西门豹惩治巫婆和官绅的新闻告知逃到外地的邻居，劝他们回乡。这样的任务学习"假戏真做"，趣味盎然，学生自然学得生动活泼。

二、角色赋予学生专家思维

任务学习变"听懂了"为"想通了",倒逼学生站在任务角色的专业视角,像专家那样思考问题、解决问题。这样,学生获得的就是专家思维,而不仅仅是专家的结论。比如,阅读小说《跳水》时,不能满足于了解故事情节与体会人物形象,要让学生当一回小说家,紧扣"危机是怎么造成的"这个关键问题,通过层层追问,最终破解列夫·托尔斯泰的小说构思秘诀:先用帽子做道具,让猴子、孩子、水手们来制造一个危机,然后创造一个"准、快、狠"的英雄船长来解决这个危机。学生经历这个任务学习的过程,历练的是小说家的专业思维,实现的是文学创意写作的思维迭代。

三、角色赋予学生行为自觉

任务学习变"规定动作"为"自选动作",以角色赋予学生任务与责任,让学生自觉探究,自主实践,在做中学,在用中学,在创中学,"完整"学习经验,建构个体知识,养成行为自觉。比如,学习《竹节人》时,让学生做一回玩具制作工匠,他们就会自觉提取课文中竹节人的制作信息,自觉收集制作材料和工具,自觉尝试制作竹节人。这个自觉制作的过程,能够实现梳理探究、动手操作、合作交流的经验积累与知识建构。

四、角色赋予学生自我认知

任务学习变"认识世界"为"认识自我",让学生以不同的角色完成特定的任务,获取知识与技能,重新认识生活与世界,了解自己在不同角色中的优势与潜能,更新对自己未来发展可能性的认知。这种自我认知的意识与能力是核心素养形成与发展的心理学基础。有人说过，小学六年应当让学生扮演完一百个不同的角色，从而学会对未来的学习与生活做出个性化的自我定义。

角色赋能，可以让语文任务学习像游戏一样使人着迷。

文本解读的切口

语文教材中的课文，就是文质兼美的"宝"；解读文本，就要发现文本的教学价值，就像"鉴宝"。看过《鉴宝》节目的人都知道，鉴宝必须具备四个"有"：一是有工具，比如聚光电筒、放大镜、卡尺等。二是有经验，正所谓"操千曲而后晓声，观千剑而后识器"。三是有学养，对宝物的特征及其背后的朝代、人物生平、师承传统等有丰富的学识和独到的见地。四是有切口，每一件宝物都有多个鉴定真伪的切入口。比如鉴定一件书法作品，可以从内容、字体、行笔风格、结构造型等角度来判断。

解读文本也要具备四个"有"，既要有工具，比如字典、词典、唐诗宋词鉴赏辞典、名家作品赏析等；也要有经验，只有见识过经典，才有评判的眼力；还要有学养，解读的深浅实际上可以折射出解读者学养的厚薄；更要有"切口"，只有找到打开文本的切入点，才能看到文本的"秘妙"。杜国庠先生有一个妙喻：一只蚂蚁在苹果上团团打转，觉得到处都是光溜溜的，没有什么可留恋的；假如能够揭开一点儿苹果的皮，蚂蚁尝到了甜美的果汁，就会忘我地吮吸了。工具靠准备，唯勤不难；经验靠摸索，只可意会；学养靠积淀，下的是慢功夫；而"切口"，有据可循，有法可依，并不神秘。每个用心的语文老师，都可以成为文本解读的行家里手。

一、文本形式的两个方面

林斤澜先生说："小说道上的基本功，少说也有两事：语言和结构。"

（《论短篇小说》）其实，文本呈现的就是语言和结构这两个方面。我们看到的是无声无色的语言文字，看到的是或长或短的篇章结构。文本解读，就是要从语言和结构入手。

文本的作者，无不在语言上下足了功夫。贾平凹先生在一次"关于语言"的演讲中，将文本语言分为叙述语言和对话语言。他认为语言是情绪的反映，并且需要适当的修饰：要会用形容词，要多用些动词，要将成语还原，要善于用闲话。而沈从文先生对语言的追求，就一个字——"贴"，"仿佛贴在描写对象身上，要贴得上，贴得住，贴得严"（《论短篇小说》）。"贴"的背后是对语言的驾驭能力。我们揣摩其中的方法与技巧，解读时就会有滋有味。

至于文本的结构，最经典的莫过于"苦心经营的随便"，看似顺其自然，实则苦心孤诣。文有长短，段有参差，句有整散，背后都有作者的用意。解读文本的结构，正是要在长短之中看到作者的"别有用心"。林斤澜先生这样解读鲁迅先生的小说："在结构上，篇篇有名目。好比说《在酒楼上》，不妨说'回环'。从'无聊'这里出发，兜一个圈子，回到'无聊'这里来，再兜个圈子，兜一圈加重一层无聊之痛，一份悲凉。《故乡》运用了'对照'，或是'双峰对峙'这样的套话。少年和中年的闰土，前后都只写一个画面，中间二三十年不着一字。让两个画面发生对比，中间无字使对比分明强烈。"（《论短篇小说》）可见，文本的结构折射的是作者的独具匠心。

二、文本内涵的三个层次

文本解读，着手于文本的语言和结构，着眼于作者的思想感情，着力于作者的心智模式。文本的内涵由浅入深分为三个层次。

1. 表层

表层，字面所写的意思，即文本所写的人、事、景、物。这一层意思，读者一望可知，但要说清楚，却不是一件容易的事。比如，《灰雀》写了列宁和一个小男孩之间的故事，文中出现了三个表示时间的词语——"有一年冬天""一天""第二天"。"有一年冬天……"交代了故事发生的背景，包括时间、地点与人物。"一天……""第二天……"则叙述了故事发生、发展的过程：一天，列宁发现一只灰雀不见了，小男孩却说灰雀一定会飞回来的；第二天，那只灰雀真的飞回来了。这样概括其实还没有把握故事的主要内容，因为没有将列宁、灰雀与小男孩之间隐藏的关系说清楚。文本的关键在于"小男孩是在列宁的影响下，悄悄地把抓走的灰雀放回了大自然"。读到了这一层意思，才算真正读懂了文本所写的故事。当然，文本解读不能止步于此，而应更进一步。

2. 里层

里层，字面背后的含义，即文本隐含的思想感情。这一层含义，读者往往一望无知，再望还是难知。有些读者自以为知，实际上有可能是自以为是的错解，而非作品或作者的本意。比如，看完《灰雀》，有人理解为列宁喜爱灰雀，有人读到了列宁对小男孩的尊重与呵护，有人读出了小男孩的天真与诚实，还有人认为本文赞美了列宁的善解人意、循循善诱。从不同的角度看，似乎都有道理，正所谓"仁者见仁，智者见智"。《灰雀》原文结尾是这样写的："叶戈尔卡（小男孩）心里战战兢兢的。灰雀会出卖他，眼看着就要把一切告诉弗拉基米尔·伊里奇（列宁）。但是灰雀并没做声。它明白了：叶戈尔卡不是那种讨人厌的孩子。干吗出卖他呢？"显然，作者的本意是表达"爱的谅解"。人人都会犯错，要用爱原谅别人的过错，所以列宁不揭穿小男孩抓走了灰雀，灰雀也不告发小男孩的老底。编者改编后的课文结尾是这样写的:"因为他已经知道,男孩是诚实的。"编者的用意是表达"爱与诚实":列宁对灰雀的爱与呵护,感染了小男孩;列宁对小男孩的爱,呵护了小男孩的诚实。要知道,每个人心中都有魔鬼和天使,爱与呵护唤醒了天使,消解了魔鬼。这样解读似乎更加贴近读者,无论是孩子还是成人。唯有深入这一层,教学才能带给学生一种豁然开朗的欣喜之感。

3. 深层

深层,字面之外的风格,即文本体现的"表达艺术"。这一层意味,读者常常领会不到。一般读者满足于读到文本的含义,而教学解读者却要透过含义,看到文本的表达秘密,即作者是怎么写的,为何这么写而不那么写,是怎么谋篇布局、怎么过渡照应、怎么遣词造句、怎么抒发情意的。这些问题直抵作者运用语言的"心智模式"。比如,在《灰雀》中,列宁与小男孩的对话特别有意思:一个是呵护对方,不说穿;一个是保护自己,不实说。于是,两个人的对话言在此,而意在彼,话中有话。列宁明明知道是小男孩抓走了灰雀,却偏偏说"一定是飞走了或者是冻死了",还明知故问:"会飞回来?""你好!灰雀,昨天你到哪儿去了?"小男孩明明知道灰雀关在自己家里,却偏偏说"没……我没看见",还信誓旦旦地说:"会飞回来的,一定会飞回来的。它还活着。"明明这么想,偏偏那么说,说的和想的不一样,这样的对话形式别具一格,既反映出作者的精心构思,又考验读者的阅读心智。正如王璞女士在《小说与智能》一文中所说的那样,从形式上来看,好的小说是智能的结晶。无论对作者还是读者来说,创作或是阅读一部小说的过程,都是历练智能的过程。她诙谐地说,"被人喂养的娃娃"可以读读琼瑶和三毛;想要探寻更深刻一点儿的东西,就要会读巴尔扎克;如果想要跟作者一道较量智能,就会对马尔克斯和乔伊斯的作品产生兴趣。文本解读,唯有穿透到语言与结构的构思艺术层面，才能最终发现语文教学的核心价值，即语言的运用与创造。

三、文本解读的六种方法

从文本的语言与结构入手，追索文本内涵的三个层次，就可以开启文本的解读之门。我们不妨从名家对名篇佳作的赏析中提取那些行之有效的方法为我们所用。

1. 提领法

张庆先生在《语文教学要"倡简、务本、求实、有度"》一文中说："要提倡整体感悟，做到'提领而顿，百毛皆顺'。"这个"领"就是"衣领"，就是文本中那个牵一发而动全身的"关键处"，是诗歌的"诗眼"、文章的"文眼"。如果抓住了那个关键字、关键词或者关键句，以此为"切口"，整首诗、整篇文章一下子就变得简单明了，变得"通透"。

比如，在解读老舍先生的《猫》和《母鸡》时，只要抓住"可是"，就能把这两篇文章都读透。猫的性格就是用"可是"体现的：很乖，"可是"贪玩；贪玩，"可是"尽职；高兴时温柔可亲，"可是"不高兴时一声不吭；胆小，"可是"勇猛。四个"可是"，四次小转折，写尽了猫的"古怪"。母鸡的品格也是用"可是"体现的。文中一句"可是，现在我改变了心思，我看见一只孵出一群小雏鸡的母鸡"，一个"可是"就将上文的"讨厌"转变为下文的"喜爱"，一个180度的大转折写尽了母鸡的"伟大"。简简单单的"可是"，居然有如此奇妙的表达效果，可见老舍先生的文字功夫。课文《白鹅》则尽显丰子恺先生的诙谐幽默。他不用"可是"，不用转折，只用比较与衬托。写白鹅的叫声，以狗的狂吠做比较；写白鹅的步态，拿鸭子做比较；写白鹅的吃相，先用狗的袭扰来陪衬，再用人的侍候来反衬。两"比"两"衬",白鹅的高傲跃然眼前,栩栩如生。只要抓住诗文中的关键词句,把握诗文中的核心写法,再长再难的诗文也能解读得脉络清晰、通体透明。

2. 还原法

孙绍振先生对文学作品的分析令人大开眼界,他用的是发现矛盾的还原法,即"根据艺术形象提供的线索,把未经加工的原生形态想象出来,找出艺术和原生形态之间的差异,有了差异就不愁没有矛盾了"(《孙绍振如是解读作品》)。他举例说,"不知细叶谁裁出,二月春风似剪刀",这一句妙在何处?光讲比喻,实则是在诗句的表面兜圈子,要深入诗句的内部,追问矛盾之处:"春风"怎么成了"剪刀"?如果将"剪刀"换成"菜刀",就成了笑话。因为前有"裁",所以后有"剪"。看到了这一层关联,才算破解了矛盾,才算解读到了点子上。诗文中的艺术形象与生活中的真实事物,总有这样那样的差异,我们抓住差异就能"还原",就能解读其中的艺术奥秘。杜牧的《江南春》有云"千里莺啼绿映红",事实上,莺啼之声十里之外就听不到了,何况千里?将此处"还原",就能看到矛盾之处,就能揣摩诗人的用意:用"千里莺啼"的夸张写法表现晴日江南的春光之壮美,可以让人产生无限遐想。如果实写"十里莺啼",就会诗意尽失,索然无味。还原法的要诀就是将实物与艺术做比较,并且置换到诗文中,造成极大的反差。

3. 原型法

许荣哲先生在《小说课(贰):偷故事的人》一书中说,只要回答七个问题,按照目标→阻碍→努力→结果→意外→转弯→结局的公式,三分钟就可以写出一个完整的故事。不管是小说、电影还是漫画,只要它的核心是故事,大部分都有类似的故事结构。阅读与写作是一个互逆的过程,解读作品就是要穿过文本内容,揣摩作者的故事构思,把握这一类文本的原型结构和作者的心智模式。这样的解读能让人变得聪明起来,变得像作者一样聪明。这有点儿像看魔术,在惊叹之余,你要学会破解变魔术的绝招,于是,你就变聪明了,而不至于莫名其妙。

在阅读列夫·托尔斯泰的小说《跳水》时,你眼睁睁地看着孩子一步一步陷入险境,心乱如麻。其实,跳出眼花缭乱的情节,我们就会发现小说家只做了两件事。第一件事,制造危机。水手们逗猴子取乐,猴子摘下孩子的帽子,孩子追猴子遇险。究竟是谁让孩子爬上桅杆顶端遇险的?乍一看,是猴子把孩子"逗"上去的;细一瞧,是水手们把孩子"笑"上去的;再一想,原来是孩子把自己"气"上去的。帽子只是制造危机的一个道具而已。第二件事,解决危机。显然,猴子、孩子、水手们,在场的每一个人都无法解决危机。在这种情形下,只能制造一个"意外",出现一个"英雄":船长急中生智,用枪逼孩子跳水,使孩子化险为夷、转危为安。于是,船长的"高光时刻"便深深刻印在读者脑海里。尽管小说家只用短短两句话来描写他,却让英雄的形象熠熠生辉。这,便是小说家的智慧。由此可见,把握了小说家的构思原型,对小说的解读就如庖丁解牛。英国作家王尔德的童话《巨人的花园》的故事原型结构概括起来就两个字:"有"和"无"。"有"孩子,花园就是春天;"无"孩子,花园就是冬天。这样的对比结构寓意着孩子就是春天,每个人心里只要"有"孩子,就会"有"春天。提炼了故事的原型结构,就能把握隐藏的故事主题。

4. 见人法

王荣生先生在《散文教学教什么》一书中说,不妨从以下三个方面来确定教学内容:一是作者个性化的言语表达、语句章法,二是作者的所见所闻和个性化的言说对象，三是作者的所思所想和他独特的情感认知。将这三个方面概括为一点，那就是要透过散文所写的人、事、景、物和思想感情，看见背后的那个"人"，看见他与众不同的心思、心眼与心胸。如此，我们才能借助文本与他进行心灵的深度对话，才能从对话中汲取思想的力量，获得精神的成长。

比如，清少纳言在《四季之美》中说春天最美是黎明，夏天最美是夜晚，秋天最美是黄昏，冬天最美是早晨。难道白天不美吗？了解作者的生平后，我们会发现，身为宫廷女官的她，唯有黎明、早晨、黄昏与夜晚这些闲暇时光，而她在忙碌之余，却能用细腻的心思发现寻常事物的最美瞬间：黎明的天色、雨夜的萤火、黄昏的归鸦与雁群、冬晨的炭火。由此可见清少纳言那敏感而又审美的心灵，她把寻常的日子过成了一首诗，那么有情趣，那么有意思。同样，在阅读吴冠中先生的《父爱之舟》等散文时，我们也可以从"人"切入，以"情"为线，将文中的叙事碎片串成"项链"。这样，散文的解读就不蔓不枝，始终有"魂"。

5. 降维法

科幻作家刘慈欣先生在其经典作品《三体》中提出了一个新概念"降维打击"，指外星人使用"二向箔"将太阳系由三维空间降至二维空间的一种攻击方式。在文本解读中，教师的解读水平比学生的水平往往高一个维度。教师看得到的，学生往往看不到；教师认为显而易见的，学生往往感到不可思议。如果只从教师的角度出发解读文本，极易陷入"深入深出"的困境。如果从学生的角度出发降一个维度解读文本，就能发现作者的高明之处，就能把握学生的发展空间，就能深入浅出地为学生铺设学习的台阶。

比如，《火烧云》是这样写火烧云的颜色变化的："这地方的火烧云变化极多，一会儿红彤彤的，一会儿金灿灿的，一会儿半紫半黄，一会儿半灰半百合色。葡萄灰、梨黄、茄子紫，这些颜色天空都有。还有些说也说不出来、见也没见过的颜色。"乍一看，这没什么特别的。我们不妨设想一下学生通常的写法："这地方的火烧云有红的、金的、紫的、黄的、灰的……真是五颜六色，好看极了。"两相比较，你就会发现作者的高明之处：写颜色，先写单色，再写双色，后写复杂的比喻色，有层次地写，技高一筹；写变化，用四个"一会儿"的排比方式写，棋高一着。这样降一个维度来解读文本，就能让学生有"招"可学，有"法"可用。

6. 要素法

统编语文教材的单元实行双线并进，即人文主题与语文要素相互映衬。陈先云先生在《统编小学语文教科书能力体系的构建》一文中说，语文要素就是语文训练的基本元素，包括基本方法、基本能力、基本学习内容和学习习惯。语文要素是解读单元文本的一个"切口"，从语文要素入手可以发现文本中的要素落点。形象地说，文本中的要素落点就是一个个"锚"，将教学聚焦在这些"锚"上，可以教得集中，学得透彻。

比如，民间故事《漏》篇幅很长，故事曲折，读者若不能理清头绪、抓住规律，复述起来就是一团乱麻，绕来绕去说不清、道不明。蒋军晶老师对这个文本的解读可谓一针见血，那就是"抓规律练复述"。先抓故事规律：贼和老虎干坏事的做法是一样的，想法是一样的，遭遇也是一样的，都是两两对应的。复述时记住前一个的做法、想法与遭遇，就能讲述后一个的做法、想法与遭遇。再练故事复述，根据不同的地点，将一个长故事分成五个短故事，一个地点讲一个故事。于是，学生轻轻松松就能将那么长的一篇课文复述出来。可见，复述这个单元语文要素，在《漏》这篇长文中的落点是"抓故事规律"这个"锚"。"锚"找准了，学习就变得简单了。

教学设计的三个优化

设计有效的教学活动需要遵循三个原则。一是一致性原则,即以教学目标为主线,将教、学、评三者统整起来,进行系统思考和整体设计。活动的设计思路从传统的"目标—活动—评价"变革为"目标—评价—活动"。先设定教学目标,再根据目标设置评价任务,清晰界定学习的结果表现,最后围绕评价任务设计相应的学习活动。二是交互性原则,即教与学实现多层面、多层次的交流互动。改变传统教学的"单向传递",将教与学的互动过程逐层展开,使教中有学、学中有评、评中有改。师生之间、生生之间呈现"多向传递",实现思想的碰撞、情感的交融、能力的迭代和教学活动的"立体效能":情感体验有深度,有效思维有长度,实践能力有高度。三是层递性原则,即教学活动呈现出"台阶式"结构。改变传统教学"同一水平的重复",设计的教学活动具有一定的挑战性,可以让学生体验拾级而上的"爬坡感"。如此才能呈现学生的学习变化过程,让学生从不懂到懂、从不会到会、从不能到能,让学习看得见,让进步看得见。

一、由"直"而"曲":充分经历过程

苏州园林的艺术之美在于曲径通幽,读懂了"曲线设计"的奥秘,就能找到教学活动设计的诀窍,那就是"直"与"曲"的转换。

所谓"直",就是直截了当地告诉,就是直奔主题地提问,就是直

道而行地训练。比如，学习小说《半截蜡烛》时，我们可以设计三个"直问"：①小说写了一件什么事？②作家写的是什么样的人？③小说为什么要以"半截蜡烛"为题？这样三个问题就能让学生从情节到人物再到主题，在小说里走一个"来回"。

所谓"曲"，就是明知故问，就是旁敲侧击，就是设置障碍，让学生凭借自己的努力去寻找方法、发现真理、获得能力的生长。比如，教《半截蜡烛》时，我们可以设计这样三个"曲问"：①阅读这篇小说时，哪些地方会让你的心提起来？哪些地方会让你的心放下去？读到小说的结尾时，你的心是提起来的还是放下去的？②假如要颁发一枚勋章，你认为最应该颁给谁？③读这篇小说就是一场"惊叫之旅"，作者是怎么制造出这种紧张感的？你能借鉴作者的方法制造一个令人紧张的环境吗？

一"直"一"曲"，是不一样的设计，有不一样的精彩。"直"，目标明确，思路清晰，教与学"单刀直入"，过程必然简短；"曲"，寓教于境，任务导向，教与学"迂回曲折"，经历必然延长。有的老师性格直爽，不喜欢兜圈子，用"直"的设计更顺手；有的老师性格细腻，不喜欢直白，用"曲"的设计更合适。

教学活动要设计成"直"的还是"曲"的，应该根据教学内容的类型来选择，"直"与"曲"是可以相互转换的。人学习知识一般需要经历三个阶段：一是知识的发现与形成阶段，二是知识的迁移与应用阶段，三是知识的整理与结构化阶段。第一个阶段属于"发现性学习"，从生活现象和问题解决中发现规律、凝练知识，需要经历复杂而艰辛的探索过程，我们不能简单灌输、直接告诉。这个过程宜慢不宜快，宜"曲"不宜"直"。第二个阶段属于"运用性学习"，将所学知识在变化而复杂的条件下加以创造性的实践运用，在运用中化知为能、转识成智，获得知识的智能意义。这个过程重在对知识的实践体认和转化，宜由慢而快，由"直"而"曲"。第三个阶段属于"建构性学习"，在实践经验的基础上经过梳理、整合与网格化，将知识纳入原有的结构系统，形成新的知识结构，进而形成新的认知结构。这个过程重在知识的抽象化与逻辑化，宜"直"不宜"曲"。

二、化"平"为"奇"：创设挑战任务

俗话说："熟悉的地方没有风景。"好课最忌讳的是套路，有些老师一遇到某些内容，就不假思索地搬出一套熟悉的教法。读课文的题目，总会问"读了这个题目，你想知道些什么"，然后还是从识字学词开始教起。提问只是一种摆设、一个过场，甚至是一枚烟幕弹。如此简单重复，教学就变得索然无味。要保持教学的新鲜感，我们就要根据教学内容和学生的需要对活动设计进行"私人定制"，化"平"为"奇"。这里的"奇"是指活动设计有新意、有变化，既在情理之中又在意料之外，既不落俗套也不刻意追求奇思怪招。

1. 创设情境

知识往往是"冷"的，但情境可以让它变"暖"；学习常常是"苦"的，但情境可以让它变"甜"。在一个具体的学习情境中，学生有特定的角色担当，有特定的目标任务，有特定的活动组织形式和活动内容，这可以激发学生的主动性、积极性与创造性。

学习《西门豹治邺》时，我们紧扣西门豹烧的"三把火"，设计了三个情境复述任务：一是让学生扮演西门豹，拟一道奏折给魏王，用50个字将事实真相写清楚；二是让学生扮演老大爷，劝告逃到外地的百姓回乡，把西门豹将计就计惩治官绅和巫婆的经过说生动；三是让学生扮演西门豹，激励那些有怨言的民众，将开凿水渠的意义讲深刻。三次创造性复述让学生在仿真的情境中"身临其境"，全身心投入学习活动中。有情境的活动，就具有"唯一性"，学生就会有真切的"体验"，就能获得"经

验"，就能在"经验"的基础上建构起与生命自然融合的"个体知识"。

2. 挑战智慧

很多学习活动之所以显得平淡，原因之一是缺乏思维含量，学生没有经历长时间的"艰苦思索"，就没有解开难题后的学习快感。在设计学习活动时，我们不妨故意设置一些难题，考验一下学生的学习智慧。要知道，学生天生有一种不服输的心理。学习活动"坎坷"一些，反而能让学生产生新奇感，获得成功感。

在课文《火烧云》的教学中，教师一般都会设计仿写活动，让学生想象火烧云的变化，将变化的过程分步写具体。这样的仿写是"近迁移"，不具有挑战性。我们设计了一个仿写活动：运用间接写法，将"烈日炎炎"这个成语写成一段话，要求只能借用"霞光"一段中写到的事物和人物。学生居然被"逼"出了精彩：大白狗躺在树荫底下，伸出长舌头呼哧呼哧地喘着粗气；公鸡不安地在林子里转来转去，红红的鸡冠耷拉了下来，一副无精打采的样子；最可笑的是那只黑母鸡，走着走着下了一个蛋，转身一看，蛋居然熟了……

3. 多元组合

学习活动可以千变万化，但是不变的是一个"动"字。"具身学习理论"告诉我们，身体的活动与大脑的思维是息息相关的。只有让学生的感官都"动"起来，课堂才能活起来。听、说、读、写，画一画、演一演……多元的活动组合起来才能激活学生的思维与情感，才能让语文学习变得"立体"起来，才能让课堂呈现出生动活泼的局面。

学习《如梦令》时，我们设计了三个教学活动。一是读，根据字的平仄读出节奏，让学生一边做手势一边诵读。这样，学生慢慢地就能找到节奏感。二是讲，按照时间、地点、人物、起因、经过、结果，先把一首词讲成一个故事，再把"争渡"这个细节讲成一段对话，最后用上三个"没想到"把故事讲得一波三折。三是听，听蔡琴和尤静波演唱的《如梦令》，一个舒缓深沉，一个轻快甜美，让学生一起辩一辩哪个人的演唱更符合李清照作词时的心境。读、讲、听的组合式学习调动了学生整个身心来阅读、体验、思考，让学生从课内读到了课外，从"读词"学到了"读人"。

三、从"线"到"块"：用时间换空间

设计教学活动需要把握两个维度：一个是时间维度，呈现为线性的时间流；一个是空间维度，呈现为物理空间和心理空间。物理空间是有限的，心理空间是无限的。教学设计一般按照时间维度来设置教与学的活动，活动内容往往被分割成一个个"点"。教学将这些"点"串联起来成为"链"，看起来点点相连、环环相扣。然而，这样的线性设计每一分钟都被"塞满"了。学生亦步亦趋地跟着教师"赶路"，每一个环节都匆匆而过，没有足够的时间充分思考与练习。

如果将线性活动整合成块状活动，一节课设置三到五个教学活动板块，每个板块聚焦一个学习目标，留10分钟左右的时间来展开教学过程，学生就有足够的时间来"折腾"，也有足够的空间来"升腾"。这样的板块设计以"学"为主，关注的是经历过程，而不是教学流程，看起来有点儿"糙"，学生学起来却很"嗨"。教师需要设计的不是承前启后的导语，而是针对学习现状的及时点拨。教与学多重交互，有点儿"乱"，但是"乱"中会迸出"真知灼见"，"乱"中能练出"真才实学"。当然，一节课中的几个板块活动是有内在关联的，呈现为一种阶梯式结构。

1. 化零为整

化零为整就是围绕学习目标,将线性设计中零散的活动碎片整合为若干个综合、立体、多维度的活动板块。一个活动板块突出一个目标任务,设置多层面、多形式的实践活动,充分展现学习过程。散文《匆匆》教学点无处不在,包括叠词、排比句式、比喻手法、连串追问、情感变化等。如果顺着课文教,看似教得多,实则学得碎。与其蜻蜓点水式全覆盖,不如聚焦多个时间"意象":一是将八千多日子比作"一滴水",二是将日子写作"一个人",三是将八千多日子比作"轻烟""薄雾"。我们可以带着学生借助这些形象的语言,在朗读、比较、仿写中体会作者那种焦虑、自责、无奈与不甘的复杂情感,领会"匆匆"背后的人生思索与诗意表达。这样聚焦"焦点"教学既有整体感,又有纵深感。

2. 拾级而上

登山就是拾级而上,一步一步往上走,看得到进步,看得到变化。拾级而上的教学设计体现的是板块之间的递进性,而非重复性。

有的教师在教寓言《狐狸和葡萄》时,无非就是讲讲故事、说说道理。然而,从故事到道理,如果没有设计"过程",就会造成学生思维的"脱轨",学生就体会不到理解力是如何生长起来的。我们设计了三个问题台阶。一问"狐狸到底想不想吃葡萄"。它嘴上说"不好吃",可"边走边回过头",身体很诚实,骗的是自己。二问"这里的'酸'到底指什么"。表面上指葡萄酸,实际上指心理酸,这就是"酸葡萄"心理。三问"'酸葡萄'心理到底好不好"。乍一看不好,细一想,"放弃"既是一种自我安慰、自我疗伤,也是一种人生智慧。这样的整体设计体现了思维的进阶。

3. 乱中取胜

所谓"乱",不是杂乱无章,而是一种无序中的有序。在一个板块活动中,每个学生都紧紧围绕目标任务用自己的方式思考、实践。大家七嘴八舌、议论纷纷,既有个体的独立思考,也有小组的合作实践……这样的活动设计不是线性的程序设定,而是板块的定向开放。这样的板块活动往往可以设定一个主问题,或者设置一个任务群,教师需要把握活动要点,预测可能会出现的各种问题,准备多种有针对性的指导思路和点拨对策。

学习《灰雀》一课时,我们设计了一个开放性活动板块。先让学生朗读对话后想一想:列宁和小男孩对话时,他们心里各自在想什么?然后将他们心里想的话填到表格里。再议一议:为什么他们不把心里想的直接说出来呢?最后写一写:你认为什么是诚实?这三个学习任务都是开放的,没有统一的答案,每个学生都可以从文本中读出自己的见解。但无论什么样的见解,都要以文本中的语境为依据,是有理有据的思考。这样的板块活动在有限的教学时间内给学生打开了思维和想象的空间,提供了无限的可能。如果教师带着学生一句一句地读,一句一句地揣摩人物的心理,然后出示一个标准答案,给"诚实"下一个抽象的定义,就会使教学的创造性空间变得逼仄,使师生在课堂教学中失去生命的活力。板块式活动设计,本质上是以时间换空间,只要给予学生足够的时间,就能换来学生成长的空间。

联结力就是学习力

一提起"联结",我们就会想到美国心理学家桑代克的"刺激—反应"实验。联结主义理论认为,人类的复杂学习与动物的简单学习本质上都是在"试误"过程中形成的"刺激与反应联结"。"学习就是形成联结;教学就是设计各种复杂情境,以建立理想的联结……"(莫雷等《学习过程与机制研究:我国学习双机制理论与实验》)桑代克提出了三条学习的基本规律:准备律、练习律与效果律。现代脑科学和学习科学理论进一步揭示了学习的生理与心理机制,认为学习就是在神经元之间建立新的联结,形成动态的神经网络结构;联结的延展与优化形成了一个人的认知结构,联结的广度与速度决定了学习的深度和效度;人的大脑联结是无限的,人的学习潜能是无穷的,联结力就是学习力。

统合了心理学、脑科学和人工智能科学理论的联结性学习,是人类发现、把握并重构知识与经验之间的本质联系,从而获得知识的智能意义的学习方式。课程改革倡导自主、合作、探究,自主学习与合作学习体现了学习主体由"个体"到"群体"的转变,前者重独立,后者重互助。接受性学习与探究性学习,体现了学习过程由"结果导向"到"问题导向"的转变,前者重结论,后者重经历。联结性学习则体现了学习行为由"有意识的自律学习"到"无意识的自动学习"的转变,前者重"学得",后者重"习得"。从"学得"到"习得"、从"自律"到"自动"是个体的学习行为从外显到内隐的深层转化,是一种随时、随地、随机的学习方式。

在语文学科中,联结性学习几乎无处不在:识字教学注重音、形、义的联系，文本阅读关注句与句之间的联系、上下文的过渡、前后文的呼应，阅读理解重视联系上下文、联系生活经验、联系时代背景等。这些"联系"的背后，是汉语的"意合"特性。与英语的"形合"不同，汉语依赖"意合"，靠意义的内在衔接和语言的外在排序来组词、造句、成文，词、句、文之间隐藏着一条意义脉络。语文学习就是在语境中建立与把握"外显语序与内隐意脉"的多重联结，由言及意、由此及彼、由表及里……从读懂字面的意思到领会内在的意义，进而把握作者的意图和言语表达艺术，从中领悟理解与运用语言的基本规律，并在生活化的语文实践中获得言语智能的发展。语文联结性学习少琐碎分析，多整体感悟，契合了汉语的直觉思维，是语文学科典型的学习方式。

常用的联结方法有以下几个：一是因果推理，凭借关联词和意义链把握逻辑关系，推断因果，准确理解言语意图与核心要义。二是形式类比，对相同的言语形式进行归类整理，或对相同含义的不同表达方式进行比较，从而丰富语言积累与言语表达。三是概念隐喻，运用隐喻思维来理解与表达复杂的概念和思想，形成语文知识网络，改善语文认知结构。四是多元组合，借助汉语"有限手段的无限运用"的组合力，在真实的任务情境中运用语言组合解决实际问题，在言语交际中不断锤炼个体的言语智慧。

联结性学习，是用语文的方式教语文、学语文、用语文。

揭开"苹果的皮"

有人说,三个苹果改变了世界,亚当和夏娃的苹果让我们认识了自己,牛顿的苹果让我们认识了世界,乔布斯的苹果则让我们改变了生活方式。有意思的是,杜国庠先生也用苹果打了一个比喻:一只蚂蚁在苹果上团团打转,觉得到处都是光溜溜的,没有什么可留恋的;假如能够揭开一点儿苹果的皮,蚂蚁尝到了甜美的果汁,就会忘我地吮吸了。杜国庠先生讲的是做学问必须"深钻"。我们不妨引申一下,把它看作语文教学中的文本解读之道。文质兼美的课文犹如光溜溜的苹果,学生就像勤劳的蚂蚁,常常找不到下口之处。教学就是要打开文本的一个缺口,让学生逐层深入,到文本中尽情"吮吸"。如果不揭开一点儿"苹果的皮",阅读教学往往就会从文本表层滑过去,使得学生一知半解,甚至囫囵吞枣,最终导致语感的钝化、思维的浅化。那么,如何揭开"苹果的皮"呢?

一、由表及里

课文以语言文字为载体,是一个完整的结构。尤其是文学文本,其丰富的思想感情往往蕴含在词句的深层结构里。阅读的意义在于突破语言文字的外壳,穿过语言文字的表层意义,探寻文本的深层含义,领会作者要表达的真实意图与思想感情。

于永正老师解读《林冲棒打洪教头》时说,"不敢,不敢"并非胆小怕事,而是一种"谦让";"抡起棒一扫"不仅是一个招式,更是一种

"宽让"。只有透过词句的表面意思，才能读懂林冲的性格与为人。可以说，文本直接写出来的那层意思是不需要教的；要教的，是文本没有说出来的那层意思，是文本没有写出来的那些文字；文本故意隐藏的、有意省略的，才是至关重要的。

二、由文及人

课文是静态的，阅读是动态的。我们应带着学生揭开一点儿文本的皮，让学生沿波讨源、顺藤摸瓜，最终发现语言文字背后站着一个人，那就是文本的作者。阅读就是一场读者与作者之间的精神对话，可以映照出各自的形象与心灵世界。

《珍珠鸟》一文描述了小鸟"在屋里飞来飞去""蹦到我的杯子上""啄着我颤动的笔尖""啄两下我的手指""趴在我的肩头睡着了"。在一般人看来这是"烦人的鸟"，而在作者眼中它是"可爱的小家伙"。这不仅是因为作者喜爱珍珠鸟，更是因为作者是一个有生活情趣的人。无趣的人怎么会有如此养鸟、赏鸟的闲情雅致？读到"这小家伙竟趴在我的肩头睡着了"时，你只有想象出作者此时此刻的表情和神态，才算读到了作者的心灵深处。当然，这个作者是文本映射出来的作者，不一定是现实中的作家。

三、由意及言

语文教学中的阅读有别于生活中的阅读，不仅指向文本的思想内容，还指向文本的语言形式与表达构思。遣词造句的妙处、谋篇布局的构思才是鲜美的"果汁"。语言形式与表达构思对大多数学生来说还是一个秘密，阅读教学就是要揭开这个秘密，让学生有一种恍然大悟的惊喜之感。

学习《珍珠鸟》时，在梳理出小鸟的各种活动后，我们让学生找一找串起这些活动的那根"线"。有的学生找到了时间线,有的学生找到了地点线,这些是一眼看得见的明线。学生再找,终于发现了"小鸟的胆子越来越大""小鸟离我的距离越来越近""小鸟对我的信任越来越深"。这些是看不见的暗线,是情感线。这样的阅读教学,才会激活学生的思维,才能磨砺学生的阅读眼光。

比喻的两种教法

比喻是一种常用的修辞手法，课文中精妙的比喻往往是点睛之笔，值得我们用心品味、潜心揣摩，领会其丰富内涵和表达效果。《军神》一文中有这样一个比喻句："你是一个真正的男子汉，一块会说话的钢板！"这是沃克医生在由衷地夸赞刘伯承具有钢铁般的意志。在日常教学中，我看到过两种不同的教法。

第一种教法是连问四个问题。第一问：这是什么句？比喻句。第二问：把什么比作什么？把刘伯承比作一块会说话的钢板。第三问：为什么把刘伯承比作一块钢板？因为刘伯承和钢板一样坚硬、顽强，可以承受任何痛苦。第四问：这样比喻有什么好处？生动、形象地表达了沃克医生对刘伯承的赞美之情。

第二种教法也是问四个问题。第一问：这句话说的是什么意思？刘伯承像钢板一样坚硬、顽强，可以承受任何痛苦。第二问：沃克医生这么说有什么用意？表达了对刘伯承钢铁般意志的赞美之情。第三问：这个比喻一般用于什么样的人？宁死不屈的革命者和意志顽强的英雄人物。第四问：如果让你来赞美刘伯承，你会怎么说？每个人可以用不同的比喻来赞美刘伯承。……

显然，这两种教法有不同的取向。第一种教法的"四问"，分别指向认识比喻句、分清本体与喻体、分析本体与喻体的相似点、体会比喻的作用，教的是关于比喻的知识，处于知识的初步认知层面，适用于初次教学比喻句。第二种教法的"四问"，分别指向比喻句的意义理解、说话人的实际意图、适用的对象条件、创作新的比喻句，培养的是对比喻句的理解力和创造力，侧重于语言的实际运用。学生这样比那样比，最终发现还是课文中的比喻最贴切、最传神、最富表现力。学生就是在这样的尝试实践中懂得了最好的比喻是难以替代的，具有唯一性。这样的深刻体认，较之第一种教法的初步认知，是一种能力的进阶，适用于比喻句的后续教学。

然而，在实际教学中更多的是第一种教法。低年级老师这样教，中、高年级老师还是这样教。他们满足于认识比喻，导致低水平教学的重复。要知道，语文教学要培养的不是分析、研究语言的语言学家，而是运用语言解决问题的合格公民。自统编教材实施以来，一线语文教师常常将关注点落在语文要素上。在课堂上我们随时能听到语文术语，如修辞手法、鉴赏方法、写作知识等，似乎不讲这些语文要素，就体现不出语文教学的专业性。然而，学生常常听得云里雾里。知不知道是一回事，会不会做是另一回事。先知识后能力这个规律适用于数学学科，学生只要理解一个定理或公式，就能解答相关的问题，在这一过程中"化知为能"。而语文是母语教育课程，学生随时随地都在运用母语，自然而然形成了丰富的语文经验，是先有能力后有知识。我们所教的语文知识是在学生已有语文经验的基础上"长出来"的，不是凭空"外加上去"的，正所谓"操千曲而后晓声，观千剑而后识器"。无论是教比喻，还是教拟人，抑或是教其他语文要素，都不能变成"教知识"，而要坚持"教实践"。讲十遍不如做一遍，要让学生在不同形式的任务情境中摸爬滚打，加深体验，丰富经验。这种语文经验十分有用，但只可意会，不可言传。

莫言没上过大学，他掌握的语文知识也许不及大学生，但他的作品获得了诺贝尔文学奖。由此可见，比喻的两种教法孰轻孰重，不言而喻。

看课的三种姿态

别人上课，你在边上看，是为"看课"，常见的说法叫"听课"，学术一点儿的叫"观课"，其实是一回事。看课最好是在上课的现场，因为你可以捕捉到很多有意思的教学细节。看录像课，由于拍摄角度的局限，你看到的不是课的全部，少了一种身临其境之感。看课堂实录，你看到的一般是师生之间的对话，而看不到话语之外的信息。课堂实录有点儿像古书的残本，你要靠想象力去还原与补充。我曾读过《贾老师教作文》一书，被贾志敏老师的作文课深深吸引。但是只看课堂实录并不解渴，于是我找来《贾老师教作文》的录像带，边看边揣摩贾老师教作文的门道，看得很过瘾。

看普通老师的课时，好在哪里、不好在哪里，你一般都能说出个一二三来。但是，如果看的是名师、大家的课，你就不一定那么淡定了，常常会被精彩的课堂吸引。就像我第一次看贾志敏老师的作文课时，恨不得把他说的每一句话都记下来。的确，名师的课，特别是那些具有代表性的课、堪称经典的课，就是一件艺术品，值得我们细细欣赏、好好学习。

怎么学习呢？孙绍振先生说，读书有三种姿势：第一种是躺着读，用读着玩的心态读，读得顺就读下去，读不顺即使睡着了也无所谓；第二种是坐着读，用求知的态度读，字斟句酌，恨不得把每一句话都读进去，全盘吸收；第三种是站着读，用批判的眼光读，揪住一点问题非要弄个明白不可。对照一下，我们看名师的课，大概也有这样三种姿态。

一、仰视

仰视就是把名师当偶像，把名师的课当成经典的艺术作品，把看课当成一种享受，眼中所见都是好的。至于好在哪里、为什么好，往往说不清。这样看课，抱持的是一种崇拜的姿态。用这样的姿态看课，看的时候很激动，回去之后要么一动也不动，因为名师的课太完美了，就像天上的月亮，我们够不着，学不像；要么很冲动，依样画葫芦搬过来套用一下，免不了偏了道、走了样。一位老师看于永正老师上课时让一个孩子读了一遍又一遍，孩子越读越好，便牢牢记住了于老师说的一句话："十遍读不好，还有十一遍！"于是，这位老师就在自己的课堂上让一个学生连读了七八遍，并不断地鼓励他："这遍读不好，还有下一遍！"没料到学生越读越紧张，居然读哭了。看来，仰视时我们需要保持清醒，需要透视其中的门道，不能盲目模仿。

二、平视

平视就是把名师当朋友，把名师的课当成示范作品，把看课当成一种学习，眼中所见都是有用的好办法。看的是名师的课，想的是自己的事，寻找自己与名师之间的差距，从中发现可以借鉴、可以运用的办法。贾志敏老师对学生作文的点评堪称一绝。学生一念作文，他就能捕捉到遣词造句中细微的差错，不失时机地加以点拨、修正。这种功夫简直让我惊呆了。在常人看来似乎没有问题的语句，他都能"挑出一点儿刺"来，而且听完他的分析、讲解后，你常常会心悦诚服，释然开怀。怎样才能像贾老师那样拥有一双灵敏的耳朵呢？功夫在课外，我们要磨砺自己的语言驾驭能力，用沈从文先生的话说就是，要练到家，就一个字——"贴"。每一个词、每一句话都"仿佛贴在描写对象身上，要贴得上，贴得住，贴得严"。于是，平时说话、写作，我都力求简练、妥帖，天长日久，口头功夫长进了，笔头功夫练实了，耳朵听的功夫也有了。只有平视，看课时你才会心平气和，才会设身处地，才会感同身受，才能看准、看透，看出课的好坏来，看出上好课的功夫来。

三、俯视

俯视就是站在更高的视角，从理论的高度来审视名师的课，进行学理推敲和印证，阐释好坏背后的教学原理，看得明白，看得通透，知其然，更知其所以然。这样的看课姿态，需要看课的人有深厚的理论功底和丰富的实践经验，更有实事求是的治学态度和批判精神。在《听王荣生教授评课》一书中，王荣生先生从教学内容的角度对魏书生、郑桂华等名家的经典课例做了深入解读和研讨。他的学理分析鞭辟入里，所提的建议让人恍然大悟。这样看课，既能洞察名师的教学理念，又能引领教学改革的方向，无论是对上课的名师还是对看课的老师，都是一种积极的推动。所以，我们在看名师的课的同时，一定要多看看王荣生先生那样的专家学者所写的评析文章。

仰视、平视、俯视是三种看课的姿态。对名师的经典课例，我们应该怀有敬重之心。这些课例是名师的智慧创造和实践贡献，我们应认真研读，并欣赏名师精湛的教学艺术，借鉴名师有效的教学方法，汲取名师先进的思想理念，站在名师的肩膀上思考教学问题，寻找适合自己的教学路径。对名师的经典课例，我们还应该保持警醒之心。名师教学风格的背后是他们对教学的独特理解，我们需要用批判的态度去追问、去质疑。唯有如此，我们才能在看课的过程中形成一种教学实践的理性自觉，拥有自己的教学主见，坚持走教学的正道。

写得像自己

文章就像一面镜子，可以映照一个人的精神面貌和思想底色。写得像不像自己，不仅取决于笔头功夫，还取决于思考功力，更重要的是活得像不像自己。

一、爱也难，不爱更难

写文章实在是一件费心费力的差事，难者不会，会者不难。对不会的人来说，让他写一篇文章，不如让他干一天农活。学生时代，作文是我不得不完成的作业，总会拖到最后才做，没到最后一分钟，似乎永远都写不完。当了老师后，本以为不用写文章了，却一跤跌进了文章的陷阱里：每天要写教案，每周要写教学后记，每月要写各种各样的材料、征文；到了期末，还要写一个班的学生评语——四五十篇不能雷同的小短文，越短越难写。评职称，要写文章；评骨干，要写文章；参评任何一个奖项，都要写文章，不写就没办法申报。几乎可以肯定地说，百分之九十九的老师所写的百分之九十九的文章，都是被"逼"出来的，是不得不完成的工作任务。

自然，我也是芸芸众生中的一个。读初中的时候，一怕周树人，二怕文言文，三怕写作文。俗话说，怕什么就来什么。参加工作后的第一个月，老校长就找到我，叫我写一篇学校德育工作总结，说是要在全县德育工作会议上发言。看完一大堆学校德育工作材料，我东摘西抄，拼凑了一篇文章。校长看也不看，就让我直接送给教育局领导。记得那是一位姓袁的副局长，他很有耐心地看完了文章。提炼了三个"重"、四个"化"，一下子将一团乱麻般的文章梳理得有模有样。于是，我第一次知道了什么是总结、什么是水平、什么是好文章。那就是要站得高、看得透、抓得准，从习以为常的事务中发现工作的特色、亮点、价值与意义，用一种结构化的表达方式呈现出来，将低矮旧的"平房"叠起来，建成高大上的"楼房"，让人一眼就看得见。

此后，我被当成了学校的"一支笔"，凡是需要总结的"美差"，校长总能在第一时间想起我。一来二去，我渐渐摸到了一点儿写文章的门道。怎样取一个吸引眼球的题目，怎样围绕题目拟三四个朗朗上口的小标题，怎样引用新鲜的材料，怎样阐述做法背后的道理……这些在师范学校语文课上没有学到的写作技巧，居然在一次次"苦差"中意外得到了。更让我意外的是，学校将校刊《新苗集》也交给了我，让我选编学生的优秀作文。我将这些写作心得用来教学生修改作文的时候，突然发现自己长了一根"金手指"，居然可以"点石成金"，就那么三言两语一点拨，学生立刻就心领神会，改得越来越精彩，好几篇送出去的优秀作文都发表在报纸、杂志上了。一时间，我在学生心目中成了最有本事的语文老师。是啊，自己不会写文章，又怎么教学生写作文呢？

于是，我开始啃起了作文教学这块硬骨头。在学生怕写作文、老师怕教作文的日子里，我勇敢地上了一堂"织女塑像"的素描作文课。尽管出师不利，第一次就上砸了，砸得鼻青脸肿，三天都没缓过神来，但是，我坚信写得好，就一定教得好。关键是怎么教，怎么将自己的写作知识装进学生的脑袋里。当时，风靡上海的是《贾老师教作文》。我一遍遍观看《贾老师教作文》的录像带，一次次模仿贾老师的作文课。终于，我自己构思的第一堂素描作文课"奇妙的魔术"，魔术般地成功了。我将这堂课写成了一篇文章，参加1993年江苏省"教海探航"征文竞赛，一举获得一等奖，还被邀请去参加颁奖大会，并现场上这堂作文课。至今我还记得在泰兴市襟江小学的会场上，就连录像师都夸赞这是他听过的最好的语文课。

之后 30 多年里，写文章和教语文成为我最喜欢的两件事。其实，这两件事就是一回事，文章写得好，语文也就教得巧。会写文章，就会看文章，就能从写作的视角破解文章的诸多奥秘。无论是遣词造句，还是谋篇布局，抑或是构思用意，都能帮助学生打开文章的读写缺口，从中汲取更多语文营养。会写文章，就会教学生写作文。即使你不会教，只要念几篇自己的下水文，学生便能悄悄模仿、无师自通。如果你的文章发表了，千万要和你的学生分享。因为榜样的力量是无穷的，不教胜于教。会写文章，是一个语文教师的必备能力，也是一个优秀教师的基本素养。

二、一堂好课，三件作品

"问渠那得清如许，为有源头活水来。"老师写文章的源头活水，就来自课堂教学。课堂上发生的故事，都是写文章的绝好素材。课上好了，总结一下经验、推敲一下背后的原理，就是一篇好文章；课上砸了，总结一下教训、思考一下改进的策略，也是一篇好文章。上课时有学生开小差，分析一下原因、寻找一下对策，写下来就是一篇文章；上课时有学生提了一个难以解答的问题，或者写了一段特别精彩的话，以此为切入点，剖析学生是怎么学习的、怎么可以学得更好，于是就会有一篇很有含金量的文章。问题是，我们缺少留心观察的自觉，缺少深度思考的意识，缺少坚持记录的习惯。于是，课堂上的故事成了茶余饭后的谈资，聊过了也就忘却了。

一位老师一提写文章就发怵，但她却为儿子写了整整六年的成长日志，专门用孩子的名字开了一个微博，每天写一条孩子的表现，从他出生时的第一声啼哭开始，一直写到他上小学，有图片，有文字，或长或短，读来让人感动。她说要一直写下去，一直写到儿子离开自己独立生活。我对她说，如果她能像为儿子写日志一样围绕每天的课堂写一条微博，坚持写六年，她就会变得与众不同。要知道，教育贵在有心，写作贵在有恒。

　　一位语文老师参加市里的优质课比赛，我们和她一起备课，试教，反复修改教案，反复试教，反复斟酌每一个问题。功夫不负有心人，这位老师最终获得了一等奖第一名。比赛结束后，我对她说，可以写点儿文章了。她一脸茫然，除了满身疲惫，似乎没啥好写的。我掰着手指头跟她罗列：第一篇文章，可以写这篇课文的教学设计。经过反复打磨的教学活动，在教学时取得了意想不到的效果，足以证明这样的教学活动可以为一线教师所借鉴。不写出来，实在对不起这么多人的集体智慧。第二篇文章，可以将这堂课整理成教学实录。我来加一个点评，对教学中的精彩环节和应对机智做学理分析，揭示精彩背后的教学规律和方法策略。不写出来，实在是浪费了她创造的智慧课堂。第三篇文章，可以对这一类课文的教学做出深度思考，提炼这一类文体的教学价值和内容要义，实现从"这一篇"到"这一类"的教学跨越。这既是对教学经验的一个提升，又是对类篇教学的一次研究。不写出来，实在是错失了一次极佳的反思机会。上好一堂课，我们要付出很多心血，而写作则是不失时机地将这些心血记录下来，呈现为三件作品：教学设计、课堂实录和教学反思。每一件作品，都是一段真实的教学经历，可以再现一个老师的成长历程。

　　2014年，教育科学出版社出版了"薛法根教育文丛"，包括《为言语智能而教：薛法根与语文组块教学》《现在开始上语文课：薛法根课堂教学实录》《做一个大写的教师》三本书，其中将近一半文章都和课有关。从《二泉映月》到《爱如茉莉》《我和祖父的园子》，再到《哪吒闹海》《猴子种果树》《匆匆》《真理诞生于一百个问号之后》等，30多个经典课例阶梯式地呈现了我在组块教学研究过程中的阶段性成果。每一个课例，都是经过反复实践打磨出来的，既有精妙的活动设计，又有精彩的课堂对话，还有深刻的课后反思。《简约：课堂的别样美丽》是对《爱如茉莉》教学活动的反思，《幽默：教学的应有品质》是对《我和祖父的园子》教学风格的提炼，《清晰：聚焦于语言文字》是对《燕子》教学内容的甄别……《知其然,知其所以然》是古诗词教学例谈,《课堂教学的审美化改造》是散文教学例谈,《看别人如何"说理"》是议论文教学例谈,《语文知识的教学转化》则是说明文教学例谈……可以说,这些文章都源自我的组块教学实践。组块教学的基本原理、教学方法与课堂模式,都在这一堂堂语文课里,都在这一篇篇教学设计、课堂实录和教学反思里。好文章不是臆想出来的,而是在课堂教学中实实在在做出来的。

"板凳要坐十年冷,文章不写半句空。"一线教师的文章,不在于有多么高深的理论,而在于有扎实的实践;既要经得起别人的质疑,也要经得起实践的检验。我们写文章目的有很多,但根本目的是解决问题,改变一线教师的教学。因此,我要求自己发表的每一篇教学设计,都是在自己的课堂里实践过的。其中每一个教学活动,力求一线教师都能用,都能取得相应的教学效果。我要求自己发表的课堂实录,尽可能剔除艺术的成分,最大限度地突出教学的方法、实用的工具和便利的技术,为的就是让更多一线教师可以借鉴运用。

当然,教学设计、课堂实录和教学反思都是经验型文章,缺少理论的深度。杨九俊先生不止一次对我说,不要一味追求"高产量",而要追求"高质量",一个阶段的实践研究,一定要有一篇"代表作"。不求数量,而求质量,这是一位教育学者的追求,也是我们一线教师应该具有的写作态度。2019年,《人民教育》杂志发表了我的《小学语文组块教学的实践研究》一文,这是组块教学研究的标志性论文。写成这篇文章只需要20多个小时,但是做成这个课题却用了20多年的时间;这篇文章只有短短5000多个字,但是背后却有很多个课例来佐证。一生只做一件事,要像挖井一样不断地往深处挖掘,直到挖出甘甜的井水来。原创性成果、标志性文章,都是这样长时间深"挖"出来的。这样的文章,才具有深层的推动力量,才能发挥更大的作用。比如,20世纪90年代,叶澜教授发表的《让课堂焕发出生命活力:论中小学教学改革的深化》深深地震撼了每一个老师,影响了一个时代,对课堂教学改革产生了深远的影响,直到今天，仍然为我们所铭记。如果我们能写出一篇这样有影响力的文章，此生足矣。

三、随心所欲而不逾矩

写文章时，我们都希望像王勃写《滕王阁序》那样，文思泉涌，妙语连珠，下笔成文。殊不知，一蹴而就的才气，并不一定是天赋使然，很可能是用心磨砺的结果。有人说，写文章有三个绝招。第一招，叫"抄"，多读几篇同题的好文章，东抄一段西抄一段，只要不抄原文，基本可以应付作业。念中学时，有一回我写《春雨》，其中有一句"倏地一下，雨便钻进了脖子，不见了"。语文老师大加赞赏，却不知道我是将散文《瑞雪》中的句子照抄了一遍，只是将"雪"字改成了"雨"字。学生时代的"抄"是最笨、最懒、最无奈的办法，若做老师的再去"抄"，就是失德，就是违法。第二招，叫"借"，借用名家的思想观点，借鉴名篇的谋篇布局，借来名言佳句增光添彩。但是，"借"来的毕竟是别人的，缺少自己的见解和个性，难免写得不像自己，甚至不是自己。第三招，叫"偷"，指暗自揣摩名家名篇的绝妙构思与写作艺术。许荣哲先生写过一本书《小说课（贰）：偷故事的人》，写的正是如何从文学大师那里"偷"故事。他"偷"得不露痕迹，"偷"得出神入化，"偷"得青出于蓝而胜于蓝。这已不是"偷"，而是"变"，是在原来文章基础上的推陈出新。这靠的是潜心揣摩，融会贯通。

同事常常问我："你怎么那么会写？"其实，我一不"抄"，二不"借"，三不"偷"，只用了一个最笨的办法，那就是"记"，随时随地在笔记本上"记"下所读所见、所思所感。阅读《读者》杂志时，摘记有意思的句子，比如，"要和孩子一起打败问题，而不是和问题一起打败孩子""爱不是相互凝望，而是一起凝望相同的方向"。记得多了，写文章时就能信手拈来。听课时，我会记录看到的现象和引发的思考。我的笔记本中大大小小的方框、圆圈，以及里面密密麻麻的文字，都是即兴的思维火花，很多有创意的教学设计都来自一刹那的念头。如果没有及时记下来，它们便会一闪而过。这样的火花记得多了，就能在写作构思时照亮你的心头。即使参加各种各样的会议，我也都认真记录要点，将那些事关教育的方针、政策记录得清清楚楚。写文章时，就可以参考或者参照。我的书橱里整整齐齐地码放着一百多本各色笔记本，这就是我的"写作智库"，需要的时候，就拿出来翻翻，每次都会找到新的灵感与新的话题。

我习惯在笔记本上列提纲、写草稿。这种用笔思考、用笔构思的方法，可以让我看到思想产生的过程，思想在涂涂改改中日渐成熟、日益丰满。想通了，想透了，确有一种豁然开朗的愉悦感和满足感。我喜欢用自己的话语方式写文章，说自己的话，写自己的句子。想通、想透之后写出的文章，语言会特别简练、干净；那些话语啰唆的文章，大多是作者没有想明白。我的文章里很少有引用，我喜欢用自己的课例，写自己的分析，尽可能不引用他人的文章，不用写一长串参考文献。记得有人说过，当自己说不清楚的时候，或者无法自证的时候，才会引用别人的话。叶圣陶先生的语文教育文章中几乎没有什么参考文献，写的就是自己的思想，即使是别人的观点，也经过了自己的深思熟虑，已经变成了自己的语言。如果写文章是一件快乐的事，那他一定是顺着自己的思路来想，按照自己的样子来写，随心所欲而不逾矩。这是写作的境界，也是思想的境界。

最后，我特别想说的是，对老师来说，写文章不是最终目的，培养人才是我们的责任和使命。袁隆平先生之所以伟大，不是因为他写了多少关于杂交水稻的论文，而是因为他致力于杂交水稻技术的研究、应用与推广，将论文写在了广袤的土地上。我们老师也要把论文写在一代一代学生身上，培养千千万万社会主义事业的建设者和接班人。文章是老师的作品，学生则是老师的"第一作品"。